Henzes JahresZeitenKochbuch

CHRISTIAN
Henze
SIEMENS

Henzes Jahres Zeiten Kochbuch

CHRISTIAN HENZE

MIT FOTOS VON SEPP EDER

KOSMOS

Inhalt

Winter

Vorwort

Viele Köche verderben den Brei? – Stimmt nicht.
Uwe Erdelt, Thomas Ohrner, Christoph Deumling mit Christian Henze im Bayern 1 Studio

Ein herzlicher Dank geht in erster Linie an meine Frau Pia, die mir in Stresszeiten immer den Rücken freihält, an Frank Aldinger, Jeremias Riezler, Florian Gärtner, Christian Kohn, Dominik Fiedler, Michael Reutner und Michael Hoffmann, die alle Rezepte noch einmal probegekocht haben, sowie an Roland Scheble von Bayern 1 für die sehr gute Zusammenarbeit.

Liebe Leserinnen und Leser,

das Geheimnis meiner Küche? Frische, regionale Zutaten, der gewisse Pfiff in der Würze und eine Prise Neugier auf neue Geschmackskombinationen und – ganz wichtig: Es muss einfach sein!

Hier sind meine neuen Rezepte, die Sie durch das Jahr begleiten sollen. Sie sind bewusst kurz gehalten und auch in einer kleinen Küche problemlos umsetzbar. Wir stellen sie auf Bayern 1 vor und das Hörerecho ist jedesmal riesig! Denn ich verrate Ihnen meine besten Tipps und Tricks.

Damit Sie immer jahreszeiten-frisch kochen können, finden Sie auf den Seiten 8 und 9 einen Saisonkalender für Obst und Gemüse. Da kann eigentlich nichts mehr schief gehen. Genießen Sie meine Welt der Kochbegeisterung – denn darauf kommt es schlussendlich an: Spaß muss es machen!

Viel Vergnügen beim Nachkochen
wünscht Ihnen Ihr

Christian Henze

Saisonkalender
Obst und Gemüse

	Jan.	*Feb.*	*März*	*April*	*Mai*	*Juni*	*Juli*	*Aug.*	*Sept*	*Okt.*	*Nov.*	*Dez.*
Äpfel	●●	●●	●	●	●	●	●	●●	●●	●●	●●	●●
Ananas	●	●	●	●	●	●	●	●	●●	●●	●●	●●
Aprikosen					●	●●	●●	●●	●			
Artischocken	●	●	●●	●●	●●			●●	●●	●●	●	●
Auberginen	●	●	●	●	●	●●	●●	●●	●●	●●	●	●
Austernpilze	●	●	●	●	●	●	●	●	●	●	●	●
Avocados	●●	●●	●●	●●	●	●	●	●	●●	●●	●●	●●
Blumenkohl	●	●	●●	●●	●	●●	●●	●●	●●	●●	●●	●
Broccoli	●	●	●	●	●	●	●●	●●	●●	●●	●	●
Champignons	●	●	●	●	●	●	●	●	●	●	●	●
Chicoree	●●	●●	●●	●						●●	●●	●●
Erbsen						●●	●●	●●				
Erdbeeren			●	●	●●	●●	●●	●				
Feldsalat	●●	●●	●					●	●●	●●	●●	●●
Fenchel	●	●	●	●	●	●	●	●●	●●	●●	●●	●
Frühlingszwiebeln	●	●	●	●●	●●	●●	●●	●●	●●	●●	●●	●
Grapefruits	●●	●●	●●	●	●	●	●	●	●	●	●	●●
Gurken	●	●	●	●	●	●	●●	●●	●●	●●	●	●
Himbeeren						●	●●	●●	●			
Johannisbeeren						●	●	●				
Karotten	●	●	●	●	●●	●●	●●	●●	●●	●●	●	●
Kartoffeln	●	●	●	●	●	●●	●●	●●	●●	●●	●	●

● = Nebensaison ●● = Hauptsaison

Jan.	*Feb.*	*März*	*April*	*Mai*	*Juni*	*Juli*	*Aug.*	*Sept*	*Okt.*	*Nov.*	*Dez.*	
					●	●●	●					Kirschen
●	●	●	●	●	●	●●	●●	●●	●	●	●	Kiwi
			●	●●	●●	●●	●●	●●	●●	●		Kohlrabi
●	●	●	●	●●	●●	●●	●●	●●	●●	●	●	Kopfsalat
							●	●●	●●	●		Kürbis
●●	●●	●	●	●	●●	●●	●●	●●	●●	●●	●●	Lauch
●	●	●	●	●	●	●	●	●	●	●	●	Limetten
							●●	●●	●●			Mais
●	●							●●	●●	●●	●	Meerrettich
●	●	●	●	●	●●	●●	●●	●●	●	●	●	Melonen
					●	●●	●●	●				Nektarinen
●●	●●	●●	●	●	●	●	●	●	●	●●	●●	Orangen
●	●	●	●	●	●●	●●	●●	●●	●●	●●	●	Paprikaschoten
					●	●●	●●	●				Pfirsiche
					●	●●	●●	●●	●●			Pflaumen
●	●	●	●●	●●	●●	●●	●	●	●	●	●	Radieschen
			●	●●	●●	●						Rhabarber
●●	●●	●						●	●●	●●	●●	Rosenkohl
●●	●●					●	●	●●	●●	●●	●●	Rote Bete
●	●	●	●	●●	●●	●●	●●	●●	●●	●●	●●	Sellerie
			●●	●●	●●							Spargel
		●	●●	●●	●●	●●	●●	●●	●			Spinat
●	●	●	●	●	●	●●	●●	●●	●●	●	●	Staudensellerie
●	●	●	●	●●	●●	●●	●●	●●	●●	●	●	Tomaten
				●	●	●●	●●	●●	●●	●		Waldpilze
●	●	●	●	●	●	●●	●●	●●	●●	●●	●	Weißkraut
●	●	●	●	●	●	●	●	●	●	●	●	Zitronen
●	●	●	●	●●	●●	●●	●●	●●	●●	●	●	Zucchini
		●	●	●●	●●	●						Zuckererbsen
●	●	●	●	●●	●●	●●	●●	●●	●●	●	●	Zwiebeln

Spargelquiche mit Limonen-Hollandaise

Zutaten für 6–8 Personen:

Spargelquiche:
- 110 g kalte Butter
- 250 g Mehl
- 100 ml lauwarmes Wasser
- Salz
- ca. 700 g Spargel
- 3 Schalotten, gewürfelt
- 100 ml Noilly Prat
- 100 g Sahne
- 1 TL Zucker
- 1 EL Kerbel, gehackt
- Salz
- weißer Pfeffer aus der Mühle

Limonen-Hollandaise:
- 200 g Butter
- 5 EL Weißwein
- 1 EL Essig
- 3 Eigelb
- Saft und geriebene Schale von 1 Limone

100 g Butter und das Mehl mit den Fingern feinbröselig verreiben. Wasser und Salz dazugeben, gut durchkneten und den Teig 2 Stunden kühl stellen. Den Ofen auf 190° C vorheizen.

Den Spargel waschen, schälen, die holzigen Enden entfernen und die Stangen in Scheiben schneiden.

Spargelscheiben und Schalottenwürfel in etwas Butter anschwitzen und mit Noilly Prat ablöschen. Die Sahne zugeben und ca. 10 Minuten einkochen lassen. Zucker und Kerbel hinzugeben und mit Salz und Pfeffer abschmecken.

Eine Spring- oder Quicheform buttern, den gekühlten Teig ca. 5 mm dick ausrollen, hineinlegen und mit einer Gabel mehrmals einstechen. Die Spargelmasse darauf verteilen und ca. 35 Minuten backen.

Für die Limonen-Hollandaise die Butter 5 Minuten lang erhitzen, dann kurz stehen lassen und mit einem Esslöffel die Molke abschöpfen.

Im warmen Wasserbad Wein, Essig, Eigelbe, Limone, Salz und Pfeffer aufschlagen. Langsam die flüssige Butter unterrühren.

Nach 35 Minuten Backzeit die Hollandaise auf der Quiche verteilen und weitere 5 Minuten goldgelb überbacken.

Dazu passt der Rucolasalat von Seite 86.

Tipp: Die Molke von der Butter schöpft man ab, weil die Milchbestandteile die Sauce verflüssigen.

Gegrillter Gemüsesalat mit Bärlauchmousse

Zutaten für 4 Personen:

Bärlauchmousse:

- 2 Bd. Bärlauch
- 150 g Joghurt
- 400 g Frischkäse
- 1/4 TL Zucker
- Saft von 1 Zitrone
- Salz
- weißer Pfeffer aus der Mühle
- 4 Blatt Gelatine
- 100 g Sahne
- 8 kleine Bärlauchblätter zum Garnieren

Gemüsesalat:

- 1 große Aubergine
- 150 g Zucchini
- 2 rote Paprika
- 1 gelbe Paprika
- 2 Knoblauchzehen, gepresst
- 1/2 TL edelsüßes Paprikapulver
- 15 EL Olivenöl extra vergine
- 4 EL Mehl
- 1 EL Kräuter (z.B. Rosmarin, Thymian, Basilikum, Estragon), gehackt
- 2 EL Pinienkerne
- 6 EL Balsamicoessig

Den Bärlauch in Streifen schneiden (ein paar Blätter zum Dekorieren zurückbehalten) und mit Joghurt, Frischkäse, Zucker, Zitronensaft, Salz und Pfeffer mixen.

Jetzt die Gelatine einweichen, von der Bärlauchmasse 3 EL abnehmen, leicht erwärmen und die Gelatine darin auflösen. Danach mit der gesamten Bärlauchmasse vermischen.

Die Sahne steif schlagen und vorsichtig unter die Masse heben. Alles in eine Schüssel geben und mindestens 2 Stunden kühl stellen.

Aubergine, Zucchini und Paprika waschen und in mundgerechte Stücke schneiden.

Knoblauch, Paprikapulver, Salz, Pfeffer und 5 EL Olivenöl mischen und das Gemüse damit kräftig einreiben, dann die Würfel in Mehl wenden.

In einer Grillpfanne das restliche Olivenöl nicht zu heiß werden lassen und das Gemüse darin leicht anbraten. Kräuter, Pinienkerne, Balsamicoessig sowie Salz und Pfeffer untermischen.

Das lauwarme Gemüse als Kranz auf den Tellern anrichten und je 2 Nocken Bärlauchmousse in der Mitte platzieren. Mit den Bärlauchblättern dekorieren.

Marinierte Matjesfilets mit Knuspersalat

Den Löwenzahnsalat waschen und klein schneiden. Die Bohnen der Länge nach halbieren, die Karotten schälen und in Scheiben schneiden, beides kurz in kochendem Wasser blanchieren. Die Zwiebel schälen und in Scheiben schneiden.

Für das Dressing Obstessig, Noilly Prat, Knoblauch, Zucker und Basilikum miteinander verrühren. Jetzt das Öl einschlagen und mit Salz und Pfeffer abschmecken.

Für die Croutons das Toastbrot entrinden und würfeln.

Die Butter in einer Pfanne heiß werden lassen und die Würfel darin goldgelb anbraten.

Den gehackten Rosmarin dazugeben und mit Salz und Pfeffer abschmecken.

Die Matjesfilets wässern und trockentupfen.

Für den Dip alle aufgeführten Zutaten gründlich miteinander verrühren, mit Salz und Pfeffer abschmecken. Das Gemüse mit dem Dressing mischen.

Legen Sie je eine Matjesportion auf einen Teller und geben Sie die Gemüse-Dressing-Mischung obenauf. Die Croutons darüber streuen, mit dem Dip umgießen und mit Basilikumherzen und den Kirschtomaten garnieren.

Zutaten für 4 Personen:

ca. 80 g Löwenzahnsalat
150 g feine Bohnen
100 g Karotte
80 g rote Zwiebel
Salz
weißer Pfeffer aus der Mühle
600 g Matjesfilets
4 Basilikumherzen
10 Kirschtomaten

Dressing:

3 EL Obstessig
3 EL Noilly Prat
1/2 Knoblauchzehe, gepresst
1/4 TL Zucker
etwas Basilikum, gezupft
7 EL Olivenöl extra vergine

Croutons:

6 Scheiben Toastbrot
2 EL Butter
etwas Rosmarin, gehackt

Dip:

100 g Crème fraîche
100 g Quark
3 EL Sahnemeerrettich
1 TL scharfer Senf
etwas Zitronensaft
etwas Zucker
2 EL Frühlingszwiebelröllchen

»Asia«-Scampi mit Kürbis-Chutney

Zutaten für 4 Personen:

Kürbis-Chutney:

- 400 g Kürbis (z.B Muskat- oder Hokkaido-Kürbis)
- 2 EL Rapsöl
- 3 Schalotten, gewürfelt
- 4 Knoblauchzehen, gepresst
- 2 EL Zucker
- 1 TL Curry
- 5 EL süße Chilisauce
- 5 EL Obstessig
- 100 ml Weißwein
- Salz
- weißer Pfeffer aus der Mühle

»Asia Scampi«:

- ca. 600 g Scampi (ausgelöst)
- 2 Eiweiß
- 4 EL (schwarze) Sesamsamen
- 2 EL Kokosraspel
- 5 EL Sesamöl, geröstet

Das Kürbisfleisch würfeln. Das Rapsöl in einer Pfanne heiß werden lassen, Schalotten und Knoblauch darin anschwitzen, den Kürbis mit dazugeben. Jetzt mit Zucker bestreuen und karamellisieren lassen.

Curry, Chilisauce, Obstessig, Weißwein hineingeben und ca. 45 Minuten sanft köcheln lassen. Am Schluss mit Salz und Pfeffer abschmecken.

Während das Chutney köchelt, die Scampi waschen, ggf. den Darm entfernen und salzen. Das Eiweiß leicht anschlagen.

Die Scampi werden jetzt paniert: zuerst in Eiweiß wenden, dann in Sesam und zuletzt in Kokosraspeln.

Das Sesamöl erhitzen und die panierten Scampi darin anbraten. Nach Wunsch etwas salzen.

Die Scampi mit dem lauwarmen Chutney servieren.

Cremige Frühlingszwiebelsuppe mit Lachsklößchen

Zutaten für 4 Personen:
- 100 g Lachsfilet
- 300 g Sahne
- 1 Eiweiß
- Salz
- 3 Schalotten, gewürfelt
- 2 Knoblauchzehen, gewürfelt
- 3 EL Olivenöl extra vergine
- 1 EL Mehl
- 100 ml Weißwein
- 800 ml Hühnerbrühe
- 1 Bd. Frühlingszwiebeln
- weißer Pfeffer aus der Mühle
- Saft von 1 Zitrone
- 1 Msp. Muskat
- etwas Frühlingszwiebel zum Garnieren

Das Lachsfilet würfeln, zusammen mit 100 g Sahne, Eiweiß und etwas Salz in eine Metallschüssel geben und im Gefrierschrank ca. 15 Minuten anfrieren lassen.

Nun die Lachsmischung fein mixen und mit einem Teelöffel kleine Klößchen herstellen. Die Klößchen in siedendem Salzwasser gar ziehen lassen.

Die Schalotten- und Knoblauchwüfel in Olivenöl anschwitzen. Mit Mehl bestäuben und mit dem Weißwein ablöschen, dann die Brühe zugeben und das Ganze 10 Minuten köcheln lassen.

Die Frühlingszwiebeln in Röllchen schneiden, diese in die Suppe geben und mit dem Stabmixer pürieren. Jetzt die Suppe durch ein Sieb streichen und die restliche Sahne in die aufgefangene Flüssigkeit geben. Mit Salz, Pfeffer, Zitronensaft und Muskat aufrühren.

Die schaumige Suppe in Teller füllen, die Klößchen hineingeben und mit ein paar Frühlingszwiebelröllchen garnieren.

Aufgeschäumte Pesto-Suppe mit Pinienkernen

Die Schalottenwürfel in Butter anschwitzen. Mit Mehl bestäuben, dann mit Weißwein ablöschen. Jetzt Brühe und 300 g Sahne zugießen und das Ganze um ein Drittel einkochen lassen. Die Grundsuppe mit Salz, Pfeffer und etwas Zitronensaft abschmecken.

Basilikumblätter, Knoblauchzehen, 1 EL Pinienkerne, Parmesan, Ölivenöl, Salz und Pfeffer im Mixer fein pürieren, gegebenenfalls etwas Wasser dazugeben.

Die restliche Sahne steif schlagen. Die übrigen Pinienkerne ohne Fett in einer beschichteten Pfanne anrösten.

Das Pesto in die Suppe geben und mit dem Stabmixer aufschäumen. Die geschlagene Sahne unterheben und die Suppe jetzt mit Salz und Pfeffer abschmecken.

Die Suppe in tiefe Teller geben und mit den gerösteten Pinienkernen bestreuen.

Zutaten für 4 Personen:

- 5 Schalotten, gewürfelt
- 30 g Butter
- 1 EL Mehl
- 100 ml Weißwein
- 800 ml Gemüse- oder Geflügelbrühe
- 380 g Sahne
- Salz
- weißer Pfeffer aus der Mühle
- etwas Zitronensaft
- 1 Bd. Basilikum, gezupft
- 2 Knoblauchzehen
- 100 g Pinienkerne
- 2 EL Parmesan, gerieben
- 8 EL Olivenöl extra vergine

Rote Paprikasuppe mit Crème fraîche

Zutaten für 4 Personen:

- 4 rote Paprika
- 3 Schalotten, gewürfelt
- 2 Knoblauchzehen, gewürfelt
- 1 EL Butter
- 1 EL Mehl
- 1/2 EL edelsüßes Paprikapulver
- 80 ml Noilly Prat
- 200 ml Bouillon
- 100 g Sahne
- 5 EL Ketchup
- 1 TL Zucker
- 2 EL Obstessig
- 5 EL Olivenöl extra vergine
- Salz
- weißer Pfeffer aus der Mühle
- etwas Zitronensaft
- 4 EL Crème fraîche

Die Paprika waschen und würfeln, zusammen mit Schalotten- und Knoblauchwürfeln in der Butter anschwitzen. Mehl und Paprikapulver zugeben und mit Noilly Prat ablöschen.

Jetzt Brühe und Sahne angießen und 10 Minuten köcheln lassen.

Jetzt Ketchup, Zucker, Obstessig, Olivenöl dazugeben, mit dem Stabmixer aufmixen und durch ein Sieb passieren.

Die aufgefangene Flüssigkeit mit Salz, Pfeffer und Zitronensaft abschmecken.

Die Crème fraîche aufrühren und jedem gefüllten Teller einen Klacks verpassen.

Rösti mit mediterraner Kruste

Die Kartoffeln schälen und raspeln, in einem Küchentuch gut ausdrücken und mit Salz, Pfeffer und Rosmarin würzen.

Das Schmalz in einer Pfanne erhitzen und aus dem Kartoffelteig nacheinander 8 Rösti goldgelb braten. Die Rösti auf Küchenkrepp abtropfen lassen.

Für die Kruste alle aufgeführten Zutaten zu einer cremigen Paste rühren und mit Salz und Pfeffer abschmecken.

Die Panade auf die Rösti streichen und diese unter dem Grill gold-braun überbacken.

Dazu passt ein fruchtiger Tomatensugo.

Zutaten für 4 Personen

Rösti:

- 600 g vorwiegend fest kochende Kartoffeln
- Salz
- weißer Pfeffer aus der Mühle
- etwas Rosmarin
- Butterschmalz zum Braten

Kruste:

- 2 EL weiche Butter
- 3 EL Parmesan
- 1 EL Semmelbrösel
- 1 Knoblauchzehe, gepresst
- 15 Basilikumblätter, gehackt

Gratinierter Spargel mit Tomatenvinaigrette

Zutaten für 4 Personen:
- 800 g Spargel
- 1 TL Zucker
- 1 Orangenscheibe
- 1 EL Butter
- Salz
- 150 g Parmesan, gerieben
- etwas Butter

Vinaigrette:
- 7 EL weißer Balsamicoessig
- 1 TL Zucker
- 1 TL Senf
- Salz
- weißer Pfeffer aus der Mühle
- 14 EL Olivenöl extra vergine
- 3 Tomaten
- 2 EL Pinienkerne
- 2 Eier
- 1 EL Estragon, gehackt

Den Spargel schälen und die holzigen Enden abschneiden. Dann die Stangen in kochendem Wasser mit Zucker, Orangenscheibe, Butter und Salz garen.

Für die Vinaigrette Essig, Zucker, Senf, Salz und Pfeffer verrühren und dann das Öl einschlagen.

Die Tomaten kurz im kochenden Wasser blanchieren, häuten und würfeln. Die Pinienkerne ohne Fett anrösten und hacken. Die Eier in ca. 10 Minuten hart kochen und hacken.

Tomaten, Pinienkerne, Estragon und Eier in die Vinaigrette einrühren und abschmecken.

Die Spargelstangen in 4 Portionen teilen, auf einem Backblech arrangieren und leicht salzen. Mit Parmesan und Butterflöckchen bestreuen und kurz unter dem Grill gratinieren.

Den Spargel auf Tellern anrichten und mit der Sauce umgießen.

Tipp: 2 EL gehackte Trüffel oder 3 EL Trüffelöl in die Sauce geben.

Tipp: Den Spargelfond kann man wunderbar für eine Spargelsuppe verwenden.

Roquefort-Kartoffelgratin mit Balsam-Oliven-Vinaigrette

Zutaten für 4 Personen:

Kartoffelgratin:

- 700 g Kartoffeln
- 1 EL Butter
- 80 g Zwiebel, gewürfelt
- 2 Knoblauchzehen, gepresst
- 400 g Sahne
- 200 ml Brühe
- 1 EL Tomatenmark
- etwas Rosmarin, gehackt
- Salz
- weißer Pfeffer aus der Mühle
- 150 g Roquefort

Vinaigrette:

- 2 Tomaten
- 3 EL Pinienkerne
- 10 schwarze Oliven
- 8 EL weißer Balsamicoessig
- 5 EL Noilly Prat
- 1/2 TL Zucker
- 12 EL Olivenöl extra vergine
- 1 EL Kräuter (Estragon, Kerbel, Basilikum), gehackt

Den Ofen auf 180° C vorheizen.

Die Kartoffeln schälen und in nicht zu dünne Scheiben schneiden oder hobeln. Die Butter in einem Topf schmelzen lassen und darin die Zwiebelwürfel und den Knoblauch anbraten. Von der Sahne 5 EL beiseite nehmen. Jetzt Brühe, Tomatenmark und Gewürze zu den Zwiebeln geben, anschwitzen und dann die Kartoffeln dazugeben und 5 Minuten köcheln lassen.

Die Kartoffelmischung in eine ungefettete Auflaufform geben. Den Roquefort mit der restlichen Sahne verrühren, etwas Salz dazugeben und auf dem Gratin verteilen. Im Ofen ca. 40 Minuten backen.

Für die Vinaigrette die Tomaten kreuzweise einritzen, blanchieren und die Haut abziehen. Die Kerne entfernen und würfeln. Die Pinienkerne ohne Fett in einer Pfanne anrösten.
Die Oliven vierteln.

Essig, Noilly Prat, Salz, Zucker und Pfeffer mischen, dann das Öl einrühren.

Tomatenwürfel, Pinienkerne, Oliven und Kräuter hinzugeben und mit Salz und Pfeffer abschmecken.

Muscheln in Limonen-Knoblauch-Pfefferschaum

Zutaten für 4 Personen:

- 80 g Sellerie
- 80 g Lauch
- 80 g Karotten
- 1,6 kg Miesmuscheln
- 5 EL Rapsöl
- 500 ml Weißwein

Sauce:

- 2 EL Butter
- 8 Knoblauchzehen, gewürfelt
- 2 Msp. Curry
- 100 ml Noilly Prat
- 200 g Crème fraîche
- Saft von 1 Limone
- 1/2 TL Pfeffer, geschrotet
- 2 EL Pernod
- 1 EL kalte Butter
- etwas Salz

Sellerie, Lauch und Karotten würfeln. Die Miesmuscheln unter fließendem Wasser säubern. Das Rapsöl in einem großen Topf erhitzen und die Muscheln hineingeben.

Mit Weißwein ablöschen und das Gemüse hinzufügen. Den Deckel schließen und ca. 4 Minuten bei starker Hitze garen. Die Muscheln über ein Sieb abgießen, den Fond dabei unbedingt auffangen.

Für die Sauce Butter in einem Topf schmelzen, die Knoblauchwürfel darin anschwitzen. Mit Curry bestäuben und mit Noilly Prat ablöschen. Muschelfond und Crème fraîche zugeben und alles bis auf ca. 100 ml Flüssigkeit einkochen lassen.

Limonensaft, Pfeffer, Pernod, kalte Butter und Salz in die reduzierte Sauce geben und mixen. Die Muscheln mit den Gemüsewürfeln darin schwenken und gleich servieren.

Lachspäckchen mit Meerrettich und Kräutern

Den Ofen auf 200° C vorheizen.

4 Blatt Alufolie nebeneinander ausbreiten. Je 2 EL Tomatenpüree in der Mitte der Folie platzieren.

Die Lachsfilets leicht salzen, auf das Tomatenpüree setzen, mit Meerrettich bestreichen und mit Kräutern bestreuen. Jetzt mit Olivenöl begießen, etwas pfeffern und sowohl Limonensaft wie auch etwas Schale dazugeben.

Die Alufolie zu einem Päckchen zusammenklappen und diese auf einem Backblech ca. 10 Minuten im Ofen garen.

Die Päckchen auf Teller setzen. Jeder darf sein Lachspäckchen selbst öffnen.

Zutaten für 4 Personen:

- 4 Blatt Alufolie (Größe ca. DIN A4)
- 8 EL passierte Tomaten
- 4 Lachsfilets à 170 g
- Salz
- 3 EL Sahnemeerrettich aus dem Glas
- 2 EL Kräuter (Estragon, Dill Basilikum), gehackt
- 4 TL Olivenöl extra vergine
- weißer Pfeffer aus der Mühle
- Saft und geriebene Schale von 1/2 Limone

Knusprige Forellenfilets mit Frühlingskräutern

Zutaten für 4 Personen:

- 2 größere Forellen à 500 g oder 4 große Forellenfilets
- Salz
- etwas Mehl
- 4 EL Olivenöl extra vergine
- 2 Tomaten
- 2 EL Butter
- 2 Schalotten, gewürfelt
- 1 EL Kapern
- 10 grüne Oliven, halbiert
- 2 Knoblauchzehen, gepresst
- 1 EL frische Kräuter (z.B. Estragon, Basilikum, Kerbel), gehackt
- weißer Pfeffer aus der Mühle

Bei ganzen Fischen die Forellen filetieren. Die Filets salzen und in Mehl wenden. Das Olivenöl in eine kalte Pfanne gießen und die Filets mit der Hautseite nach unten hineinlegen. Langsam, in ca. 8 Minuten pro Seite, knusprig braten. Einmal wenden.
Die Tomaten kurz blanchieren, häuten und würfeln. Jetzt Butter, Schalotten, Kapern, Oliven, Knoblauch, Tomatenwürfel und Kräuter zu den Filets geben, alles kurz anbraten und mit Salz und Pfeffer abschmecken.

Als Beilage passt mediterranes Kräuterbaguette:

- 1 großes Baguette
- 2 EL Butter
- 1 EL Tomatenmark
- 2 Knoblauchzehen, gepresst
- 1 EL Pesto aus dem Glas
- 1 EL frische Kräuter, gehackt
- Salz
- weißer Pfeffer aus der Mühle

Den Ofen auf 200° C vorheizen.

Das Baguette der Länge nach halbieren und vierteln. Sämtliche Zutaten gut vermischen und auf das Baguette streichen.

Ca. 5 Minuten im Heißluftofen überbacken.

Tipp: Fischfilets mit Haut immer in eine kalte Pfanne einlegen, dann zieht sich beim Braten die Haut nicht zusammen und bleibt gleichmäßig knusprig. Das gilt auch für Geflügel, das mit der Haut gebraten wird.

Gefüllte Hähnchenbrust mit Taleggio und Parmaschinken-Risotto

Zutaten für 4 Personen:
- 50 g Butter
- 3 Schalotten, gewürfelt
- 3 Knoblauchzehen, gehackt
- 370 g Risottoreis
- 3 Lorbeerblätter
- 1 l Hühnerbrühe
- 200 ml Weißwein
- 100 g Parmaschinken
- 1 EL Basilikum, gehackt
- 3 EL Parmesan
- 5 EL Olivenöl extra vergine
- Salz
- weißer Pfeffer aus der Mühle
- 4 Hähnchenbrustfilets à 170 g
- 100 g Taleggio
- 8 Salbeiblätter
- 2 EL Mehl
- 2 Eier, aufgeschlagen
- 8 EL Cornflakes
- 2 EL Butterschmalz

Für das Risotto die Butter in einem Topf schmelzen, Schalotten und Knoblauch darin anschwitzen, den Reis zugeben und glasig werden lassen. Nun die Lorbeerblätter hinzufügen und Brühe und Wein angießen. Gelegentlich rühren und ca. 18–20 Minuten »suppig« kochen.

Den Parmaschinken würfeln und knusprig braten. Basilikum, Parmesan und Olivenöl zugeben und mit Salz und Pfeffer abschmecken. Die Schinken-Basilikum-Mischung kurz vor dem Servieren unter den Reis heben.

Die Filets der Länge nach aufschneiden (Schmetterlingsschnitt), auseinander klappen, zwischen zwei Lagen Frischhaltefolie legen und etwas klopfen. Beidseitig mit Salz und Pfeffer würzen.
Nun eine Filethälfte mit Taleggio und Salbei belegen und das Fleisch wieder zusammenklappen. Die Filets zuerst in Mehl, dann in Ei und zuletzt in den Cornflakes wenden.

Die panierten Fleischstücke etwas in Form bringen und im Butterschmalz ca. 4 Minuten pro Seite braten.

Henzes Gourmethackbraten mit Bärlauchpüree

Den Ofen auf 180° C vorheizen.

Das Weißbrot entrinden, in Würfel schneiden und in der Sahne einweichen. Paprika, Shiitake-Pilze würfeln und gemeinsam mit den Schalotten- und Knoblauchwürfeln in Butter anbraten. Die Gemüsemasse erkalten lassen.

Taleggio und Gänseleber würfeln. Nun Brot, Gemüsemasse, Hackfleisch, Brät, Gänseleber, Steinpilzcreme, Senf, Käsewürfel, Eier, Basilikum, Salz und Pfeffer kräftig miteinander aufrühren. Die Masse zu einem länglichen Laib formen, auf ein geöltes Backblech geben und ca. 40 Minuten backen.

Währenddessen das Bärlauchpüree herstellen: Die Kartoffeln schälen, in Salzwasser kochen, ausdampfen lassen und durch eine Presse drücken.
Die Butter einschlagen, dann 500 ml Milch und Sahne zugeben und mit Salz würzen.

Den Bärlauch hacken, mit der restlichen warmen Milch mixen und die Bärlauchsauce unter das Püree ziehen. Mit Salz und Pfeffer abschmecken.

Zutaten für 4 Personen:

80 g Weißbrot
100 g Sahne
1 rote Paprika
10 Shiitake-Pilze (evtl. getrocknet)
5 Schalotten, gewürfelt
2 Knoblauchzehen, gewürfelt
1 EL Butter
80 g Taleggio
100 g Gänseleber aus der Dose
400 g feines Kalbshackfleisch
100 g Kalbsbrät
1 EL Christian Henzes Steinpilzcreme
1 TL scharfer Senf
2 Eier
10 Basilikumblätter, in Streifen geschnitten
Salz
weißer Pfeffer aus der Mühle
etwas Olivenöl extra vergine

Bärlauchpüree:

300 g mehlige Kartoffeln
80 g weiche Butter
1 l heiße Milch
100 g Sahne
1 Bd. Bärlauch

Kalbssteak in der Pinienkernkruste mit Spargelragout

Zutaten für 4 Personen:
- 4 Kalbssteaks à 180 g
- Salz
- weißer Pfeffer aus der Mühle
- 4 EL Rapsöl

Spargelragout:
- 500 g Spargel
- 20 g Butter
- 3 Schalotten, gewürfelt
- 100 ml Weißwein
- 200 g Schlagsahne
- 1 TL Kartoffelstärke
- etwas Zucker
- 1 EL Kerbel, gehackt

Kruste:
- 4 EL Pinienkerne
- 2 Schalotten, gewürfelt
- 2 Knoblauchzehen, gepresst
- 2 EL Semmelbrösel
- 3 EL Kräuter (z.B. Petersilie, Basilikum, Kerbel), gehackt
- 100 g weiche Butter

Den Ofen auf 80° C vorheizen.

Das Fleisch in »Form« bringen, also evtl. leicht klopfen. Die Steaks salzen und pfeffern und in einer Pfanne mit dem Rapsöl pro Seite 3 Minuten anbraten. Nun das Fleisch mindestens 20 Minuten im warmen Ofen »ruhen« lassen.

In der Zwischenzeit für das Spargelragout den Spargel schälen, holzige Enden abschneiden und den Spargel schräg in Scheiben schneiden.

Die Butter in einer Pfanne schmelzen, Schalottenwürfel darin anschwitzen, dann die Spargelscheiben dazugeben. Mit Weißwein ablöschen, die Sahne zugeben und ca. 20 Minuten ohne Deckel sanft köcheln lassen.

Das Spargelragout mit Kartoffelstärke binden, Salz, Pfeffer, Zucker und Kerbel dazugeben und abschmecken.

Die Pinienkerne ohne Fett anrösten und fein hacken. Nun die Schalottenwürfel, Knoblauch, Semmelbrösel, Pinienkerne, Kräuter und die Butter kräftig aufrühren und mit Salz und Pfeffer abschmecken.
Die Kruste auf die Steaks streichen und ca. 5 Minuten unter dem Grill überbacken.

Je ein Kalbssteak auf einen Teller geben und mit dem Ragout anrichten.

Tipp: Spargelschale und -enden geben einen wunderbaren Geschmack für eine Suppe.

Kaninchenroulade mit gesc Spargel und Parmesangnocc

Zutaten für 4 Personen:

4 küchenfertige Kaninchenrücken mit Bauchlappen
Salz
weißer Pfeffer aus der Mühle
4 Scheiben Parmaschinken
2 EL Pinienkerne
1 Kugel Mozzarella
100 g Kalbsbrät
3 EL Kräuter (Basilikum, Petersilie), gehackt
5 EL Olivenöl extra vergine
200 ml weißer Portwein
100 ml Weißwein
200 g Spargel
100 g Crème fraîche

Gnocchi:

500 g mehlige Kartoffeln
100 g Mehl
2 Eier
2 gehäufte EL Stärkemehl
130 g Parmesan, gerieben
etwas Zitronenschale, gerieben
etwas Salz
50 g Butter

Den Ofen auf 180° C vorheizen.

Die Kaninchenrücken salzen, pfeffern und mit je 1 Scheibe Parmaschinken belegen. Die Pinienkerne ohne Fett rösten und grob hacken, den Mozzarella in Würfel schneiden.

Pinienkerne, Brät, 2 EL Kräuter, Mozarella mischen und mit Salz und Pfeffer abschmecken. Die Masse auf die Rücken streichen und mit den Bauchlappen einrollen. Die Rouladen mit Zahnstochern fixieren.

Das Ölivenöl in einem Bräter heiß werden lassen und die Rouladen darin rundherum anbraten. Mit Portwein und Weißwein ablöschen und dann im Ofen 10 Minuten schmoren lassen.

Während das Fleisch schmort, den Spargel schälen, die holzigen Enden abschneiden und die Stangen in 5 cm lange Stücke schneiden. Die Spargelstücke zum Fleisch in den Bräter geben und weitere 20 Minuten schmoren lassen. Die entstandene Sauce aus dem Bräter in einen Topf gießen und das Fleisch bei 80° C warm halten.

Die Sauce mit Crème fraîche einkochen lassen, die restlichen Kräuter zugeben und mit Salz und Pfeffer abschmecken. Nun die Sauce zum Fleisch in den Bräter geben und ggf. weiter bei 80° C warm halten.

ortem

Für die Gnocchi die Kartoffeln kochen, schälen, ausdampfen lassen und durch eine Presse drücken. Mehl, Eier, Stärkemehl, Parmesan, Zitronenschale, Salz und Pfeffer zugeben und zu einem Teig kneten.

Den Teig auf einer bemehlten Fläche daumendick rollen, 2–3 cm lange Stücke schneiden und daraus Kugeln formen. Mit der Gabel ein Muster eindrücken.

Die Gnocchi in siedendem Salzwasser ca. 2–3 Minuten gar ziehen lassen. Mit der Schöpfkelle herausnehmen und in Salzbutter schwenken.

Rahmerdbeeren mit Knusperhippe

Zutaten für 4 Personen:
- 2 Vanilleschoten
- 300 g reife Erdbeeren
- 1 EL Zucker
- 100 g Sahne
- 100 g Mascarpone
- 1 EL Puderzucker
- 3 EL Eierlikör

Knusperhippe:
- 80 g Zucker
- 2 EL Mehl, gesiebt
- 2 EL Orangenlikör
- 2 EL flüssige Butter
- 3 EL gehackte Mandeln

Die Vanilleschoten längs aufschlitzen und das Mark herauskratzen. Die Erdbeeren würfeln und mit Zucker und Vanille mischen.

Die Sahne mit Mascarpone, Puderzucker und Eierlikör aufschlagen, dann die Erdbeeren unterheben.

Für die Knusperhippe alle aufgeführten Zutaten miteinander aufrühren und 2 Stunden im Kühlschrank ruhen lassen.

Den Ofen auf 180° C vorheizen.

Aus einer Pappe ein Loch mit ca. 8 cm Durchmesser ausschneiden. Mit Hilfe dieser Schablone die gekühlte Masse auf ein mit Backpapier ausgelegtes Blech streichen und ca. 8 Minuten backen.

Die Creme und die Hippen schichtweise übereinander anrichten.

Gratiniertes Holunderblütenparfait

Wein, Zucker und Vanilleschote in einem Topf aufkochen, die Blüten hineingeben und wieder abkühlen lassen. 24 Stunden im Kühlschrank ziehen lassen und dann durch ein Sieb passieren. Übrig bleiben ca. 200 ml Holunderblütensaft.

Nun im warmen Wasserbad Ei, Eigelbe, Zucker und Holunderblütensaft aufschlagen.

Die Gelatine in Wasser einweichen und in die Zabaione geben. Die Kuvertüre schmelzen, ebenfalls zugeben und alles kaltschlagen. Dafür füllen Sie z.B. Ihr Spülbecken mit kalten Wasser und stellen die Schüssel beim Schlagen hinein.

Die Sahne steif schlagen, unter die kalte Creme heben und die Mousse in Förmchen füllen. Diese für 5 Stunden in den Gefrierschrank stellen.

Kurz vor dem Servieren das Parfait mit Zucker bestreuen und mit einer Lötlampe oder einem Bunsenbrenner gratinieren.

Tipp: Lötlampe für´s Gratinieren erhalten Sie in jedem gut sortierten Haushaltswarengeschäft.

Zutaten für 4 Personen:

- **300 ml Weißwein**
- **3 EL Zucker**
- **1 Vanilleschote**
- **ca. 20 Holunderblüten**
- **1 Ei**
- **2 Eigelb**
- **1 EL Zucker**
- **2 Blatt Gelatine**
- **100 g weiße Kuvertüre**
- **300 g Sahne**
- **2 EL brauner Zucker**

Rhabarbercreme mit Schmand und Vanille

Zutaten für 4 Personen:

Rhabarbercreme:
- 200 g Rhabarber
- 2 Vanilleschoten
- 200 g Zucker
- 500 ml Weißwein
- Saft und geriebene Schale von 1 Zitrone
- 1 TL Kartoffelstärke
- 400 g Schmand
- 2 EL Vanillepuddingpulver
- 2 Eigelb

Erdbeersauce:
- 150 g Erdbeeren
- 100 g Puderzucker

Die Rhabarberstangen schälen und in Würfel schneiden. Die Vanilleschoten der Länge nach aufschlitzen und das Mark herauskratzen.

Die Rhabarberstücke mit 100 g Zucker, Weißwein, Zitronensaft, -schale und Vanille aufkochen. Die Flüssigkeit etwas einkochen lassen, mit der Kartoffelstärke binden und auskühlen lassen.

Schmand, restlichen Zucker, Puddingpulver und Eigelbe in einen Topf geben, kräftig durchrühren und aufkochen lassen, dann den Rhabarber zugeben und vom Herd nehmen.

Die Creme in Sorbetschalen füllen.

Für die Sauce Erdbeeren und Puderzucker fein mixen.

Die Sauce auf die Rhabarbercreme geben und das Ganze mit Rhabarber und Erdbeeren garnieren.

Gegrillte Hähnchenkeule mit Zitronen-Thymian-Marinade

Zutaten für 4 Personen:

- 4 Hähnchenkeulen
- 1 EL rote Chili, gewürfelt
- Saft und Schale (in Streifen) von 2 Zitronen
- 5 Knoblauchzehen, gepresst
- 1 EL Thymianblätter
- 1/2 TL Curry
- 2 EL Honig
- 1 EL Ketchup
- 3 EL Olivenöl extra vergine
- Salz
- weißer Pfeffer aus der Mühle
- 2 Bd. Rucola

Dressing:

- 5 EL weißer Balsamicoessig
- 1 EL Sahnemeerrettich aus dem Glas
- 1/2 TL Zucker
- Salz
- weißer Pfeffer aus der Mühle
- 12 EL Olivenöl extra vergine

Die Hähnchenkeulen waschen, trockentupfen und die Ober- und Unterschenkel voneinander lösen.

Aus allen weiteren aufgeführten Zutaten eine Marinade rühren und die Keulen darin 24 Stunden im Kühlschrank ziehen lassen.

Den Ofen auf 160° C vorheizen.

Die Keulen mit reichlich Marinade auf einem Blech verteilen und noch einmal salzen und pfeffern. Ca. 40 Minuten garen.

In der Zwischenzeit den Rucolasalat zubereiten. Für das Dressing alle aufgeführten Zutaten bis auf das Öl kräftig aufschlagen, danach das Öl einrühren.

Den Rucola waschen, mundgerecht zerkleinern und auf Tellern anrichten. Mit Dressing überträufeln.

Nun die Keulen darauf anrichten.

Sommerlicher Wurstsalat

Zutaten für 4–6 Personen:
- 800 g Lyoner
- 15 Kirschtomaten
- 1 Bd. Rucola
- ca. 20 Blatt Basilikum
- 5 Radieschen
- 80 g Zwiebel
- 100 g Essiggurken
- 200 g Mozzarella
- 3 Eier, hart gekocht
- 2 EL Pinienkerne
- 150 g grüner Spargel

Sauce:
- 12 EL Balsamicoessig
- 2 Knoblauchzehen, gepresst
- 5 EL süße Chilisauce
- 1 TL Zucker
- 4 Prisen Salz
- weißer Pfeffer aus der Mühle
- 15 EL Olivenöl extra vergine

Die Lyoner zuerst in Scheiben, dann in Streifen schneiden die Kirschtomaten halbieren, Rucola, Basilikum, Radieschen und Zwiebel in Streifen schneiden, die Essiggurken halbieren und ebenfalls in Streifen schneiden. Die Mozzarellakugeln halbieren und in Scheiben schneiden, die Eier achteln.

Die Pinienkerne ohne Fett anrösten, den Spargel blanchieren und in 3 cm lange Stücke schneiden.

Alle Zutaten in eine große Schüssel geben.

Für die Sauce alle aufgeführten Zutaten außer dem Öl aufrühren und abschmecken. Das Öl einschlagen.

Das Dressing mit dem Salat vermischen und 5 Minuten (nicht im Kühlschrank) ziehen lassen.

Vitello tonnato mit Honig und Balsamico

Zwiebel, Karotte und Fenchel würfeln.
Das Gemüse in einen Topf geben und 500 ml Wasser, Essig, Weißwein und Gewürze zugeben. Den Sud aufkochen, dann das Kalbfleisch einlegen und ca. 45 Minuten sanft köcheln lassen.

Jetzt das Ganze erkalten und das Fleisch einen Tag im Sud (nicht im Kühlschrank) ziehen lassen.

Für die Thunfischsauce alle noch übrigen Zutaten mit 500 ml Kalbfleischsud in einen Mixbecher geben, aufmixen und abschmecken.

Das Fleisch möglichst dünn aufschneiden, auf einer Platte blättrig arrangieren und mit Sauce übergießen.

Zutaten für 4 Personen:

- 80 g Zwiebel
- 80 g Karotte
- 80 g Fenchel
- 5 EL Obstessig
- 500 ml Weißwein
- 1 TL schwarze Pfefferkörner
- 2 Lorbeerblätter
- 2 Gewürznelken
- 600 g Kalbfleisch aus der Keule

Thunfischsauce:

- 1 Dose Thunfisch in Öl (180 g)
- 3 eingelegte Sardellenfilets
- 2 EL Kapern
- 2 Eigelb
- 1 TL Honig
- 6 EL weißer Balsamicoessig
- 150 ml Olivenöl extra vergine
- Salz
- weißer Pfeffer aus der Mühle
- etwas Zucker

Lachscarpaccio mit Limonen und Senf-Dip

Zutaten für 4 Personen:
600 g roher Lachs (küchenfertig, ohne Haut)
Salz
1 Bd. Rucola, küchenfertig

Marinade:
Saft und geriebene Schale von 1 Zitrone
Saft und geriebene Schale von 1 Limone
1/2 TL Zucker
5 EL Prosecco oder Weißwein
weißer Pfeffer aus der Mühle
1 TL Dill, gehackt
8 EL Olivenöl extra vergine

Dip:
2 EL Crème fraîche
2 EL Quark
2TL grober Senf
1/4 TL Zucker
Salz
weißer Pfeffer aus der Mühle

Den Lachs in dünne Scheiben schneiden und auf 4 Teller verteilen, leicht salzen.

Für die Marinade sämtliche aufgeführten Zutaten außer dem Öl kräftig aufrühren, dann das Öl einschlagen und abschmecken.

Für den Dip sämtliche aufgeführten Zutaten aufrühren und abschmecken.

Nun das Carpaccio unter dem Grill ganz leicht angaren.

Den Rucola in Streifen schneiden, auf dem Carpaccio verteilen und reichlich Dressing darüber geben. Mit dem Dip umgießen.

Zitronengrassüppchen

Zutaten für 4 Personen:

- 300 g Zitronengras
- 1,2 l Gemüse- oder Geflügelbrühe
- 200 g Mango-Chutney aus dem Glas
- 3 Knoblauchzehen, gepresst
- 1 1/2 EL Zucker
- 1 Msp. Kurkuma
- 1 geh. TL Curry
- 1 TL Ingwer, frisch gerieben
- Saft von 1 Zitrone
- 250 g Sahne
- 2 TL Mondamin
- Salz, Pfeffer
- 100 g kalte Butter

Das Zitronengras der Länge nach halbieren und in Streifen schneiden. Die Brühe erhitzen, das Zitronengras zugeben, einmal aufkochen lassen und 24 Stunden ziehen lassen.

Den kalten Fond durch ein feines Sieb passieren.

Mango-Chutney sowie alle Gewürze und Sahne zugeben und ca. 10 Minuten köcheln lassen.

Mit Mondamin leicht abbinden und mit Salz und Pfeffer abschmecken.

Kalte Butter in Stückchen einrühren und mit dem Stabmixer aufschäumen.

Weiße Tomatenschaumsuppe mit Ratatouille

Zutaten für 4 Personen:

- 1 kg reife, saftige Tomaten
- 100 g Zucchini
- 100 g Aubergine
- 100 g rote Paprika
- 80 g Zwiebel, gewürfelt
- 4 EL Olivenöl extra vergine
- 1 EL Tomatenmark
- 200 ml Weißwein
- 2 EL weißer Balsamicoessig
- 1 EL frische Kräuter, gehackt
- 2 EL Parmesan
- Salz
- weißer Pfeffer aus der Mühle
- 1 EL Butter
- 3 Schalotten, gewürfelt
- 2 Knoblauchzehen, gewürfelt
- 1/2 EL Mehl
- 200 g Sahne
- 1 EL kalte Butter
- Kräuter zum Garnieren

Die Tomaten waschen, vom Strunk befreien und in einem Mixer grob pürieren.
Alles über Nacht durch ein Passiertuch oder ein feines Sieb laufen lassen und den klaren Saft auffangen. Es sollten mindestens 800 ml übrig bleiben.

Zucchini, Aubergine, Paprika würfeln und mit den Zwiebelwürfeln in Olivenöl anschwitzen. Das Tomatenmark zugeben, mit dem Weißwein ablöschen und ca. 15 Minuten sanft köcheln lassen. Jetzt Essig, Kräuter und Parmesan zugeben, mit Salz und Pfeffer abschmekken.

Die Butter in einem Topf schmelzen, Schalotten- und Knoblauchwürfel darin anschwitzen, das Mehl einstreuen und mit dem klaren Tomatensaft ablöschen. Nun die Sahne dazugeben und aufkochen. Kalte Butter, Salz und Pfeffer hinzufügen und mit dem Stabmixer schaumig aufmixen.

Die schaumige Suppe in Teller füllen, je eine große Gemüsenocke in die Mitte setzen und mit Kräutern garnieren.

Hühnersuppe mit Tomaten und Parmesan

Den Ofen auf 80° C vorheizen. Die Kirschtomaten blanchieren und halbieren.

Das Hähnchenbrustfilet würfeln. In einem Topf das Olivenöl erhitzen und die Würfel darin anbraten. Das Fleisch salzen und pfeffern, aus dem Topf nehmen und im Ofen warm halten.

Die Fenchelknolle in Scheiben schneiden. Die Zwiebel in Streifen schneiden. Beides zusammen mit dem Knoblauch im Bratenansatz anbraten.

Mit dem Weißwein ablöschen und die Hühnerbrühe zugießen. Tomaten, Lorbeerblätter, Nelken, Salz, Pfeffer und die Fleischwürfel zugeben und ca. 1 Stunde sanft köcheln lassen. Noch einmal abschmecken.

Die Suppe auf Teller verteilen und mit Basilikum und Parmesan garnieren.

Zutaten für 4 Personen:

- 400 g Kirschtomaten
- 500 g Hähnchenbrustfilet
- 5 EL Olivenöl extra vergine
- Salz
- weißer Pfeffer aus der Mühle
- 100 g Fenchelknolle
- 80 g Zwiebel
- 1 Knoblauchzehe, gepresst
- 200 ml Weißwein
- 800 ml Hühnerbrühe
- 2 Lorbeerblätter
- 2 Nelken
- 15 Blatt Basilikum, in Streifen
- 100 g Parmesan, gehobelt

Ratatouille-Lasagne à la Landhaus

Zutaten für 4 Personen:

1 Aubergine
200 g Zucchini
1 rote Paprika
80 g Zwiebel
4 EL Olivenöl extra vergine
3 Knoblauchzehen, gepresst
etwas Rosmarin und Thymian
1 EL Tomatenmark
100 ml Weißwein
1 EL Chilisauce
Salz
weißer Pfeffer aus der Mühle
etwas weißer Balsamicoessig
250 g Lasagne-Teigplatten
etwas Olivenöl
1 EL Crème fraîche
4 EL Parmesan, gerieben
2 EL Basilikum, in Streifen
Kräuter zum Garnieren

Aubergine, Zucchini, Paprika und Zwiebel würfeln. Das Olivenöl in einer Pfanne erhitzen und die Gemüsewürfel darin anbraten.

Zwei Drittel des Knoblauchs und Kräuter dazugeben, dann das Tomatenmark hineinrühren und alles gemeinsam anbraten.

Das Gemüse mit dem Weißwein ablöschen und gut 20 Minuten köcheln lassen, bis eine kompakte Konsistenz erreicht ist. Mit Chilisauce, Salz, Pfeffer und Balsamicoessig abschmecken.

Den Ofen auf 180° C vorheizen.

Die Lasagne-Teigplatten nach Packungsanweisung al dente kochen und abschrecken.

Jetzt mit einem Kreisausstecher oder einem Schüsselchen 12 Teigkreise mit 7 cm Durchmesser ausstechen.
Eine Auflaufform mit etwas Olivenöl einpinseln.

4 Teigkreise in die Auflaufform legen, je 1 EL Ratatouille darauf geben. Jetzt wieder einen Teigkreis darauf legen, noch 1 EL Ratatouille und das Ganze ein drittes Mal wiederholen.

Crème fraîche, Parmesan, restlichen Knoblauch und Basilikumstreifen aufrühren und die Masse auf die Lasagnekreise streichen.

15 Minuten backen und vor dem Servieren mit den Kräutern garnieren.

Lauwarmer Nudelsalat mit Mozzarella

Zutaten für 4 Personen:

- 200 g Farfalle
- 1 rote Paprika
- 1 gelbe Paprika
- 2 Stangen Sellerie
- 100 g Champignons
- 10 Kirschtomaten
- 2 Kugeln Mozzarella
- 10 große, grüne Oliven
- 2 EL Pinienkerne
- 20 Basilikumblätter, gezupft

Dressing:

- 8 EL Balsamicoessig
- 1/2 TL Zucker
- 1 Knoblauchzehe, gepresst
- Salz
- weißer Pfeffer aus der Mühle
- 12 EL Olivenöl extra vergine

Die Farfalle nach Packungsanweisung bissfest kochen.

Währenddessen Paprika, Sellerie und Champignons schälen und würfeln. Kirschtomaten halbieren, Mozzarellakugeln würfeln, Oliven in Scheibchen schneiden und die Pinienkerne ohne Fett anrösten.

Gemüse, Oliven, Pinienkerne, Tomaten, Mozzarella und Basilikum in eine große Schüssel geben.

Für das Dressing alle aufgeführten Zutaten außer dem Öl kräftig miteinander verrühren, dann das Öl einschlagen.

Das Dressing und die heißen Nudeln unter das Gemüse mischen und sofort servieren.

Ricotta-Rucola-Gnocchi

Zutaten für 4 Personen:

- 500 g Kartoffeln
- Salz
- 100 g Rucola
- 2 Eigelb
- 100 g Parmesan, gerieben
- 2 EL Speisestärke
- 100 g Mehl
- 100 g Ricotta
- 3 EL Butter
- 2 EL Pinienkerne
- weißer Pfeffer aus der Mühle

Die Kartoffeln in Salzwasser kochen und ausdampfen lassen. Schälen und durch eine Presse drücken.

Die Hälfte des Rucola zusammen mit den Eigelben pürieren.

Gepresste Kartoffeln, Rucolapüree, Parmesan, Speisestärke, Mehl und Ricotta zu einem Teig verarbeiten. Den Teig auf einer bemehlten Fläche daumendick ausrollen, 3 cm lange Stücke abschneiden und zu Kugeln formen.

Die Gnocchi im siedenden Salzwasser ca. 2–4 Minuten gar ziehen lassen.

Den restlichen Rucola klein schneiden. In einer großen Pfanne Butter schmelzen, Pinienkerne und klein geschnittenen Rucola anschwitzen, die Gnocchi dazugeben und schwenken.

Mit Salz und Pfeffer abschmecken und sofort servieren.

Seelachs im Speckmantel mit Paprikafondue

Zutaten für 4 Personen:
600 g Seelachsfilet (oder ähnlicher Fisch)
1 EL Senf
3 EL Worcestersauce
etwas Zitronensaft
Salz
1 TL Dill, gehackt
100 g geräucherter Bauchspeck
1 EL Olivenöl extra vergine
80 g Zwiebel, gewürfelt
1 Knoblauchzehe, gewürfelt
3 EL Parmesan
2 EL Semmelbrösel
2 EL Mehl
2 Eier, aufgeschlagen
4 EL Butterschmalz

Paprika-Fondue:
5 rote Paprika
80 g Zwiebel, gewürfelt
2 Knoblauchzehen, gewürfelt
4 EL Olivenöl
8 EL Tomatenpüree oder passierte Tomaten
3 EL Tomatenketchup
etwas Rosmarin und Thymian
100 ml Weißwein
Zucker
weißer Pfeffer aus der Mühle

Das Fischfilet waschen und trockentupfen, dann in 4 Teile teilen. Aus Senf, Worcestersauce, Zitronensaft, Salz und Dill eine Marinade rühren und den Fisch darin ca. 15 Minuten marinieren.

Den Speck würfeln. Das Öl in einer Pfanne erhitzen, Zwiebeln, Knoblauch und Speck darin anschwitzen. Auf Küchenkrepp verteilen und erkalten lassen.

Parmesan und Semmelbrösel in die kalte Speckmischung geben.

Den Ofen auf 80° C erhitzen.

Nun den marinierten Fisch zuerst in Mehl, dann in Ei und zuletzt in den Speck-Bröseln mischen, zum Schluss die Panade gut andrücken.

Das Butterschmalz in einer Pfanne erhitzen und den Fisch darin braten. Danach im Ofen warm stellen.

Für das Paprikafondue die Paprika würfeln, zusammen mit den Zwiebel- und Knoblauchwürfeln im Öl anbraten. Tomatenpüree, Ketchup und Kräuter zugeben, mit Weißwein ablöschen. Mit Zucker, Salz und Pfeffer würzen und ca. 15 Minuten köcheln lassen.

Das Gemüse auf Tellern verteilen und den Fisch darauf anrichten.

Tipp: Auf dem Küchenpapier wird der Speck entfettet.

Kross gebratene Saiblingsfilets mit Chili-Weißkraut

Zutaten für 4 Personen:

- 4 Saiblingfilets à 170 g
- Salz
- weißer Pfeffer aus der Mühle
- 2 EL Mehl
- 4 EL Olivenöl extra vergine
- 3 EL Butter
- 1 EL Kapern
- 1 EL Petersilie, gehackt
- 600 g Weißkraut
- 3 Schalotten, gewürfelt
- 1 TL rote Chili ohne Kerne, in Streifen geschnitten
- 1 TL Zucker
- 200 ml Weißwein
- 3 EL süße Chilisauce

Den Ofen auf 80° C vorheizen.

Die Fischfilets entgräten, beidseitig leicht salzen und pfeffern und in Mehl wenden. Das Öl in die kalte Pfanne geben, die Filets mit der Hautseite nach unten hineingeben und in ca. 6–8 Minuten langsam kross braten. Den Fisch aus der Pfanne nehmen und im Ofen warm halten.

In derselben Pfanne 2 EL Butter schmelzen, Kapern, Petersilie, Salz und Pfeffer hineingeben und aufschäumen lassen. Die flüssige Buttermischung über die Fischfilets gießen und diese weiter im Ofen warm halten.

Jetzt das Weißkraut fein hobeln und im kochenden Salzwasser kurz blanchieren. 1 EL Butter in einem Topf erhitzen, Schalotten und Chili darin anschwitzen, Kraut und Zucker hinzufügen und den Weißwein angießen. Den Wein ca. 5 Minuten einkochen lassen.

Dann die Chilisauce dazugeben, salzen und bissfest garen.

Das Kraut auf den Tellern verteilen und die Fischfilets darauf anrichten.

Medaillons vom Seeteufel in Kokos-Curry-Sauce

Den Ofen auf 80° C vorheizen

Den Seeteufel in 12 Medaillons schneiden, leicht salzen und in Mehl wenden.

1 EL Butter in einer Pfanne schmelzen lassen, den Fisch einlegen und pro Seite ca. 3 Minuten braten. Die Medaillons aus der Pfanne nehmen und im Ofen warm halten.

Die Schalottenwürfel im Bratensatz anschwitzen. Die Banane in Scheiben schneiden und ebenfalls anbraten.

Jetzt Mehl, Curry und Kokosraspeln dazugeben, mit Noilly Prat und Weißwein ablöschen.

Crème fraîche, Kokosmark und 1 EL kalte Butter hineinrühren und mit dem Stabmixer aufmixen, mit Salz und Pfeffer abschmecken.

Die Fischmedaillons auf Tellern verteilen und mit der Sauce begießen.

Zutaten für 4 Personen:

- 800 g Seeteufel, küchenfertig
- Salz
- 2 EL Mehl
- 2 EL kalte Butter
- 1 Schalotte, gewürfelt
- 1/4 Banane
- 1 TL Mehl
- 1 TL Curry
- 2 EL Kokosraspel
- 100 ml Noilly Prat
- 200 ml Weißwein
- 150 g Crème fraîche
- 4 EL Kokosmark
- weißer Pfeffer aus der Mühle

Poularden-Sauerbraten mit Haselnussspätzle

Karotte und Lauch würfeln. Den Rotwein mit dem Essig aufkochen, Zwiebel-, Möhren- und Lauchwürfel dazugeben und mit Lorbeer, Nelken und Wacholderbeeren würzen. Diesen Fond heiß über das Fleisch gießen und zugedeckt 24 Stunden marinieren lassen.

Das Fleisch aus dem Fond nehmen und trockentupfen.

Den Ofen auf 180° C vorheizen.

In einem Bräter das Rapsöl erhitzen, das Fleisch mit Salz und Pfeffer würzen und beidseitig anbraten. Mit ca. 200 ml Fond samt Gemüse ablöschen.

Nun den Bräter in den Ofen schieben und das Fleisch ca. 30 Minuten schmoren, danach bei 80° C warm halten.

Kurz vor dem Servieren die Fleischsauce mit Sahne und Crème fraîche einkochen und mit der Kartoffelstärke binden, mit Salz und Pfeffer abschmecken.

Für die Spätzle aus Nüssen, Mehl, Eiern, Wasser und Salz einen zähflüssigen Teig herstellen. Den Teig schlagen, bis er Blasen wirft. Die Spätzle in kochendes Salzwasser schaben oder durch eine Presse drücken und danach in heißer Butter schwenken.

Zutaten für 4 Personen:

100 g Karotten
80 g Lauch
500 ml Rotwein
100 ml Rotweinessig
80 g Zwiebel, gewürfelt
3 Lorbeerblätter
5 Nelken
3 Wacholderbeeren
4 Poulardenbrüste à 170 g
(ohne Haut und Knochen)
3 EL Rapsöl
Salz
weißer Pfeffer aus der Mühle
100 g Sahne
100 g Crème fraîche
1 TL Kartoffelstärke

Spätzle:

100 g gemahlene Haselnüsse
400 g Mehl
6 Eier
etwas Wasser
1 EL Butter

Gegrilltes Pfeffersteak mit Barbecuesauce

Zutaten für 4 Personen:
- 4 Scheiben Rinderfilet à 180 g
- 3 EL grüner Pfeffer
- 2 EL Pinienkerne
- 2 EL glatte Petersilie
- etwas Salz
- etwas Olivenöl extra vergine

Sauce:
- 6 EL Ketchup
- 1 EL Honig
- 1 EL Obstessig
- 1 EL Sojasauce
- 2 Knoblauchzehen, gepresst
- 2 EL süße Chilisauce
- 1/4 TL Curry
- weißer Pfeffer aus der Mühle

Das Fleisch leicht klopfen.

Den Ofen auf 80° C vorheizen.

Pfeffer, Pinienkerne und Petersilie hacken, mit Salz vermischen. Die Steaks beidseitig in diese Pfefferpanade drücken.

Das Öl in einer Grillpfanne erhitzen (oder den Gartengrill anwerfen, aber nicht zu heiß werden lassen) und das Fleisch behutsam auf beiden Seiten je ca. 5 Minuten braten. Danach im Ofen warm stellen.

Für die Barbecuesauce sämtliche aufgeführten Zutaten mischen, kurz in einem Topf aufkochen lassen und mit Salz und Pfeffer abschmecken.

Das Fleisch mit der Sauce servieren.

Tipp: Dazu passen ein knackiger Sommersalat und Baked Potatoes.

Kalbfleischpflanzerln mit lauwarmem Kartoffel-Trüffel-Salat

Zutaten für 4 Personen:

- 4 Semmeln vom Vortag
- 125 ml Milch
- 125 g Sahne
- Salz
- weißer Pfeffer aus der Mühle
- 100 g geräucherter Bauchspeck
- 150 g Zwiebel, gewürfelt
- 4 Knoblauchzehen, gepresst
- 1 EL glatte Petersilie, gehackt
- 500 g Kalbshackfleisch
- 100 g Kalbsbrät
- 2 Eier
- 1 EL scharfer Senf
- 5 Spritzer Tabasco
- 2 EL Butter

Kartoffelsalat:

- 800 g fest kochende Kartoffeln
- 200 ml Geflügelbrühe
- 80 g Zwiebel, gewürfelt
- 1 TL scharfer Senf
- 10 EL weißer Balsamicoessig
- etwas Zucker
- 2 EL schwarzer Trüffel, gehackt
- 4 EL Trüffelöl
- 3 EL Rapsöl

Die Semmeln in Würfel schneiden. Milch und Sahne erhitzen und über die Semmeln gießen, mit Salz und Pfeffer würzen.

Den Bauchspeck würfeln, zusammen mit den Zwiebelwürfeln und dem Knoblauch anbraten, die Petersilie zugeben und erkalten lassen.

Hackfleisch, Brät, Zwiebel-Speck-Mischung, ausgedrückte Semmeln, Eier, Senf und Tabasco zusammen aufrühren und abschmecken. Ca. 10 kleine Pflanzerln (Frikadellen) formen und langsam in schäumender Butter braten.

Die Kartoffeln mit etwas Salz kochen, pellen und in Scheiben schneiden.

Geflügelbrühe, Zwiebel, Senf, Balsamicoessig, Zucker, Salz und Pfeffer zusammen aufkochen und noch heiß über die Kartoffeln gießen. 5 Minuten ziehen lassen.

Trüffel, Trüffelöl und Rapsöl dazugeben und abschmecken.

Den Salat lauwarm auf Tellern anrichten, die Pflanzerln darauf setzen und mit etwas Bratenbutter begießen.

Übrigens: Das ist eines meiner absoluten Lieblingsgerichte!

Henzes Mediterraner Glücks-Schweinebraten

Den Ofen auf 180° C vorheizen.

In das Fleisch eine »Tasche« schneiden. Den Apfel schälen und würfeln und zusammen mit 100 g Zwiebel- und Knoblauchwürfeln in 1 El Olivenöl anschwitzen. Senf, Parmesan und Semmelbrösel dazugeben.

Das Fleisch kräftig mit Salz, Pfeffer, Rosmarin und Majoran einreiben, die »Tasche« mit der Apfel-Brösel-Mischung füllen und mit den Zahnstochern gut »verschließen«.

Karotte und Sellerie schälen und würfeln.

Die Nelken in den Rollbraten stecken (evtl. mit einer Fleischgabel Löcher stechen). Das restliche Olivenöl in einem Bräter erhitzen und das Fleisch rundherum anbraten. Karotten-, Sellerie- und Zwiebelwürfel dazugeben und mit anbraten. Das Tomatenmark hinzufügen, mit anrösten und mit Rotwein ablöschen. Nun das Fleisch ca. 70 Minuten im Ofen garen.

Währenddessen für das Risotto die Pilze in Scheiben schneiden, den Lauch würfeln.

Butter in einem Topf schmelzen lassen und darin Zwiebeln, Knoblauch, Pilze und Lauch gut anbraten. Den Reis zugeben und glasig werden lassen. Mit Wein ablöschen und nach und nach die Brühe zugeben. Das Ganze unter Rühren ca. 18 Minuten köcheln lassen.

Parmesan, Olivenöl und Kräuter untermischen, mit Salz und Pfeffer abschmecken.

Zutaten für 4 Personen:

800 g Schweineschulter
1 Apfel
150 g Zwiebel, gewürfelt
3 Knoblauchzehen, gewürfelt
6 EL Olivenöl extra vergine
2 EL Senf
2 EL Parmesan, gerieben
2 EL Semmelbrösel
Salz
weißer Pfeffer aus der Mühle
1 TL frische Rosmarinnadeln
1 TL Majoran, gerebelt
100 g Karotten
100 g Sellerieknolle
10 Nelken
1 EL Tomatenmark
400 ml Rotwein

Risotto:

300 g Pilze (z.B. Steinpilze, Champignons, Pfifferlinge)
80 g Lauch
2 EL Butter
80 g Zwiebel, gewürfelt
2 Knoblauchzehen, gewürfelt
350 g Risottoreis
200 ml Weißwein
800 ml Geflügelbrühe
4 EL Parmesan, gerieben
3 EL Olivenöl extra vergine
2 EL Kräuter, gehackt (z.B. Petersilie, Basilikum, Majoran, Thymian)

Henzes Eiskaffee

Zutaten für 4 Personen:

400 ml starker, kalter Kaffee
2 cl Kaffeelikör
1 EL Kakaopulver (Kaba)
1 EL Nutella
2 Kugeln Vanilleeis
100 g Schlagsahne
1 TL Vanillezucker
3 cl Baileys
4 Kugeln Vanilleeis
1 EL lösliches Kaffeepulver

Den kalten Kaffee zusammen mit Kaffeelikör, Kakaopulver, Nutella und Vanilleeis aufmixen.

Die Sahne mit dem Vanillezucker leicht anschlagen, dann Baileys zugeben.

Je eine Kugel Vanilleeis in ein Longdrinkglas füllen, mit dem Kaffee auffüllen und die schaumige Sahnecreme obendrauf geben.

Mit etwas Kaffeepulver bestreuen.

Geeister Espresso

150 g Sahne, Espresso und Kaffeebohnen aufkochen, 10 Minuten stehen lassen und absieben.

Die restliche Sahne und das Eiweiß getrennt steif schlagen.

Nun die Kaffeesahne mit Zucker, Vanillezucker und Eigelben aufschlagen und im warmen Wasserbad rühren, bis das Eigelb bindet, dann geschlagene Sahne und Eiweiß unterheben.

Die Masse in Espressotassen füllen und für mindestens 2 Stunden einfrieren.

Vor dem Servieren jeder Tasse ein Häubchen Milchschaum aufsetzen und mit Kakaopulver bestäuben.

für ca. 10 Espressotassen:

- 250 g Sahne
- 2 doppelte starke Espressi
- 2 EL Kaffeebohnen, geschrotet
- 2 Eiweiß
- 100 g Zucker
- 1 EL Vanillezucker
- 3 Eigelb
- etwas Milch
- 1 TL Kakaopulver

Buttermilchdrink mit Erdbeeren und weißer Schokolade

Zutaten für 4 Personen:

- 2 Vanilleschoten
- 500 ml Buttermilch
- 2 EL Zucker
- 150 g weiße Schokolade
- 2 Kugeln Vanilleeis
- 2 cl Kokoslikör
- 300 g Erdbeeren
- 100 ml Prosecco

Die Vanilleschoten längs aufschneiden und das Mark herauskratzen.

Buttermilch, die Hälfte des Vanillemarks und 1 EL Zucker aufmixen.

Die Schokolade schmelzen und zusammen mit dem Vanilleeis und dem Kokoslikör in die Buttermilch geben.

Noch einmal aufschäumen.

Die Erdbeeren mit 1 EL Zucker und dem restlichen Vanillemark kräftig durchmixen, dann den Prosecco zugeben und vorsichtig umrühren.

Das Erdbeerpüree auf Longdrinkgläser verteilen. Vorsichtig die Buttermilch einlaufen lassen, damit sich die beiden Farben nicht vermischen.

Mit einem Strohhalm servieren.

Gebackene Steinpilze mit Estragon-Crème-fraîche

Zutaten für 4 Personen:

- 600 g Steinpilze
- Salz
- weißer Pfeffer aus der Mühle
- Saft von 1 Zitrone
- 3 EL Mehl
- 2 Eier, verquirlt
- 6 EL geriebene Mandeln
- 2 EL Butter

Estragon-Crème-fraîche:

- 2 EL Crème fraîche
- 2 EL Quark
- 2 EL Estragon, gehackt
- etwas Zucker
- etwas Zitronensaft

Die Steinpilze putzen und mit einem Küchentuch abreiben. Der Länge nach in nicht zu dünne Scheiben schneiden. Mit Salz, Pfeffer und Zitronensaft würzen.

Jetzt die Steinpilze nacheinander in Mehl, Eiern und Mandeln wenden. Die Brösel andrücken, dann die Pilzscheiben leicht abklopfen.

Die Butter in einer Pfanne schmelzen lassen und die Pilze beidseitig goldgelb ausbacken. Danach auf einem Küchenpapier abtropfen lassen.

Für die Estragon-Crème-fraîche alle aufgeführten Zutaten gut miteinander verrühren und mit Salz und Pfeffer abschmecken.

Die Pilze auf Tellern verteilen und mit der Crème fraîche garnieren.

Obatzter vom Taleggio mit Croutons

Zutaten für 4 Personen:
- 200 g Taleggio
- 80 g Essiggurken
- 100 g weiche Butter
- 100 g Quark
- 80 g Zwiebel, gewürfelt
- 2 Msp. Paprikapulver, edelsüß
- 2 Msp. Kümmel, gemahlen
- Salz
- weißer Pfeffer aus der Mühle

Croutons:
- 10 EL Olivenöl extra vergine
- 20 Scheiben Vollkornbaguette oder Ciabatta
- 1 Stiel Rosmarin
- 1 Stiel Thymian
- 1 Knoblauchzehe, gepresst
- 2 EL Schnittlauchröllchen
- 4 Radieschen

Den Taleggio entrinden und mit einer Gabel zerdrücken. Die Essiggurken würfeln.

Taleggio, Butter, Quark, Zwiebeln, Essiggurken und Gewürze gut miteinander vermengen und abschmecken.

Für die Croutons das Olivenöl erhitzen und die Brotscheiben darin beidseitig rösten. Die Gewürze zugeben und gut durchschwenken.

Die gerösteten Brotscheiben auf Küchenkrepp entfetten und erkalten lassen.

Die Radieschen in Scheiben schneiden.

Den Obatzten mit den Brotscheiben, Schnittlauchröllchen und Radieschen garnieren.

Zwiebelkuchen mit Feldsalat

Den Ofen auf 170° C vorheizen.

Butter und Mehl feinbröselig mit den Fingern vermengen. Wasser und Salz zugeben, gut durchkneten und den Teig kalt stellen.

Für die Füllung die Zwiebelwürfel ca. 15 Minuten in Butter weich schwitzen, ohne dass sie Farbe annehmen, dann erkalten lassen.

Zwiebelmasse, Eier, Crème fraîche, Senf, Essig und Gewürze miteinander vermengen und abschmecken.

Eine Springform buttern.

Den Teig ausrollen und in der Springform auslegen. Die Zwiebelmasse zugeben und ca. 45 Minuten backen.

Währenddessen den Feldsalat waschen und in 4 Portionen teilen. Für das Dressing Essig, Himbeeren, Zucker, Salz und Pfeffer aufrühren, danach das Rapsöl einschlagen und abschmecken.

Kurz vor dem Servieren Salat und Dressing mischen und gemeinsam mit dem warmen Zwiebelkuchen auf Tellern anrichten.

Zutaten für 4 Personen:

100 g Butter
250 g Mehl
100 ml lauwarmes Wasser
Salz
800 g Zwiebel, gewürfelt
1 EL Butter
10 Eier
2 EL Crème fraîche
1 TL grober Senf
2 EL Himbeeressig
etwas Zucker
weißer Pfeffer aus der Mühle
Butter für die Form
200 g Feldsalat
5 EL Himbeeressig
2 EL TK-Himbeeren
10 EL Rapsöl

Rahmtatar vom Räucherlachs mit Kartoffelrösti

Zutaten für 4 Personen:
- 200 g Räucherlachs
- 200 g rohes Lachsfilet
- 2 EL Pinienkerne
- 6 EL Crème fraîche
- 1 TL Honig
- Saft von 1 Limone
- 1 EL Dill, gehackt
- etwas Zucker
- Salz
- weißer Pfeffer aus der Mühle
- etwas Cayennepfeffer

Rösti:
- 300 g mehlige Kartoffeln
- etwas Rosmarin, gehackt
- 10 EL Rapsöl

Die beiden Lachssorten fein hacken. Die Pinienkerne ohne Fett rösten und hacken.

Crème fraîche mit Honig, Limonensaft, Dill, Pinienkernen, Zucker, Salz, weißem Pfeffer und Cayennepfeffer aufrühren und abschmecken.

Die Crème-fraîche-Marinade mit dem Lachs vermengen.

Für die Rösti die Kartoffeln schälen, raspeln (mit einer groben Rösti-Reibe) und gut ausdrücken. Die Masse mit Salz, Pfeffer, Rosmarin würzen.

Das Öl in einer Pfanne erhitzen, die Kartoffeln locker zugeben und vorsichtig in Form bringen. Die Rösti beidseitig goldgelb ausbacken und auf Küchenkrepp entfetten.

Die Rösti in Portionsecken teilen und mit dem Rahmtatar servieren.

Tipp: Die Kartoffeln wirklich gut ausdrücken und locker in die Pfanne schichten.
Wenn Sie dann die Rösti noch ohne Deckel braten, gelingen sie garantiert und werden schön knusprig.

Kürbissuppe mit Mango und Chili

Zutaten für 4 Personen:

- 500 g Kürbisfleisch (Muskat- oder Hokkaidokürbis)
- 1 reife Mango
- 2 EL Butter
- 3 EL Mango-Chutney
- 4 Knoblauchzehen, in Scheiben
- 1 EL Zucker
- 100 ml Weißwein
- ca. 800 ml Brühe
- 300 g Schlagsahne
- 10 EL süße Chilisauce
- etwas Brühpulver
- 1/2 TL Curry
- Salz
- weißer Pfeffer aus der Mühle
- 4 EL Weißweinessig
- 1 rote Chilischote

Das Kürbisfleisch würfeln, die Mango in Scheiben schneiden.

In einem Topf die Butter schmelzen und die Kürbiswürfel darin anschwitzen. Mangoscheiben, Mango-Chutney, Knoblauch und Zucker zugeben und karamellisieren lassen.

Mit Weißwein ablöschen und mit Brühe und Sahne auffüllen. Die Suppe ca. 30 Minuten köcheln lassen, dann die Gewürze zugeben.

Mit dem Stabmixer pürieren, durch ein Sieb passieren und abschmecken. Sollte die Suppe nach dem Passieren zu dick sein, kann sie mit etwas Brühe verdünnt werden.

Zum Schluss die Chili in feine Streifen schneiden und als Garnitur auf die Suppe geben.

Cremige Erbsensuppe mit Speck

Zutaten für 4 Personen:

- 100 g gelbe Erbsen
- 100 g Kartoffeln
- 100 g Lauch
- 2 EL Butter
- 80 g Zwiebel, gewürfelt
- 3 Knoblauchzehen, gewürfelt
- etwas Thymian
- 1 l Bouillon
- 100 ml weißer Portwein
- 200 g Schlagsahne
- Salz
- weißer Pfeffer aus der Mühle
- etwas Brühpulver
- 200 g Frühstücksspeck

Die Erbsen über Nacht einweichen.

Kartoffel und Lauch würfeln.

In einem Topf die Butter schmelzen und darin Zwiebel, Knoblauch und Lauch anschwitzen. Erbsen, Thymian und Kartoffelwürfel dazugeben. Mit der Brühe aufgießen und ca. 1 Stunde sanft köcheln lassen.

Mit dem Stabmixer pürieren und durch ein Sieb passieren. Nun Portwein und Sahne zugeben, noch einmal aufmixen und mit Salz, Pfeffer und Brühpulver abschmecken.

Den Frühstücksspeck in feine Streifen schneiden, kross anbraten und damit die schaumige Suppe garnieren.

Kartoffel-eintopf mit Pilzen

Zutaten für 4 Personen:

- 400 g gemischte Pilze
- 300 g Kartoffeln
- 2 EL Butter
- 80 g Zwiebel, gewürfelt
- 4 Knoblauchzehen, in Scheiben geschnitten
- etwas Bohnenkraut, gerebelt
- 1 l Brühe oder Bouillon
- 2 Lorbeerblätter
- 2 Wacholderbeeren
- Salz
- weißer Pfeffer aus der Mühle
- 4 EL Crème fraîche
- 2 EL Schnittlauchröllchen

Die Pilze putzen, mit einem Tuch abreiben und in Scheiben schneiden. Die Kartoffeln schälen und würfeln.

In einem Topf 1 EL Butter schmelzen und darin die Kartoffel- und Zwiebelwürfel sowie den Knoblauch anschwitzen.

Das Bohnenkraut hinzufügen und mit der Brühe auffüllen. Lorbeerblätter und Wacholderbeeren zugeben und alles köcheln lassen, bis die Kartoffeln weich sind. Danach die Gewürze wieder aus der Suppe nehmen.

In einer Pfanne mit 1 EL Butter die Pilze anbraten und mit Salz und Pfeffer würzen. Die Pilze in die Suppe geben.

Die Suppe auf 4 Teller verteilen, mit Salz und Pfeffer würzen und mit Crème fraîche und Schnittlauchröllchen garnieren.

Tipp: Pilze werden sauber, indem Sie sie in eine Schüssel mit 1l kaltem Wasser und 5 EL Mehl geben und vorsichtig aneinander reiben. Das Mehl bindet den Schmutz.
Danach kalt abbrausen und auf Küchenkrepp trocknen lassen.

Sellerieschnitzel mit Blaumohn

Die Sellerieknollen mit Salz und etwas Zucker ca. 30 Minuten weichkochen. Auskühlen lassen, schälen und in 1–1 1/2 cm dicke Scheiben schneiden.

Die Eier mit der Sahne aufschlagen. Die Selleriescheiben salzen und pfeffern. Erst in Mehl, dann in Ei-Sahne, zuletzt in Mohn wenden und die Panade gut andrücken.

Die Butter schmelzen und die Selleriescheiben darin ausbacken.

Für den Kräuterdip sämtliche aufgeführten Zutaten gut miteinander verrühren, mit Salz, Pfeffer und Zucker abschmecken.

Die Schnitzel mit dem Dip auf Tellern anrichten.

Zutaten für 4 Personen:

- 3 mittelgroße Sellerieknollen
- Salz
- Zucker
- 2 Eier
- 2 EL Sahne
- weißer Pfeffer aus der Mühle
- 3 EL Mehl
- 8 EL Blaumohn
- 3 EL Butter

Kräuterdip:

- 4 EL Quark
- 4 EL Crème fraîche
- 1 Knoblauchzehe, gepresst
- 2 EL Kräuter (Basilikum, Kerbel, Petersilie), gehackt
- etwas Zitronensaft

Gebratene Polentaecken mit Rucola

Zutaten für 4 Personen:
- 150 g Maisgrieß
- 3 EL Butter
- 5 EL Parmesan
- Salz
- weißer Pfeffer aus der Mühle
- 2 EL Mehl
- 2 Eier, aufgeschlagen
- 4 EL Mandeln, gerieben
- 200 ml Olivenöl extra vergine

Dressing:
- 2 Bd. Rucola
- 3 EL Pinienkerne
- 3 Tomaten
- 4 EL Weißweinessig
- 1/4 TL Zucker
- 4 EL Crème fraîche
- 4 EL Olivenöl extra vergine
- 1 EL Basilikum, gehackt

Den Maisgrieß in 800 ml kochendes Wasser einrühren und 45 Minuten ziehen lassen. Butter und Parmesan zugeben, mit Salz und Pfeffer abschmecken. Die Grießmasse ca. 2 cm dick auf ein Backblech streichen, auskühlen lassen und mit einem Messer Ecken ausschneiden.

Die Ecken eine nach der anderen in Mehl, Eiern und Mandeln wenden und im Olivenöl ausbacken.

Für das Dressing die Pinienkerne in einer Pfanne ohne Fett anrösten, die Tomaten blanchieren, häuten und würfeln.

Essig, Salz, Pfeffer und Zucker aufrühren, die Crème fraîche zugeben und das Olivenöl einschlagen.

Basilikum, Tomatenwürfel und Pinienkerne zugeben und abschmecken. Das Dressing mit dem Rucola mischen.

Den Salat auf Tellern verteilen und die Polentaecken darauf anrichten.

Gratinierte Linguine mit Pfifferlingen

Die Nudeln nach der Packungsanweisung bissfest kochen und kalt abschrecken.

Die Pfifferlinge putzen und je nach Größe halbieren oder vierteln. Das Öl in einer Pfanne erhitzen und die Pfifferlinge darin scharf anbraten. Schalotten und Knoblauch zugeben, mit Weißwein ablöschen, die Sahne einrühren und einkochen lassen.

Die Tomaten kurz blanchieren, häuten und würfeln.

Zu den Pilzen Zitronensaft, Petersilie und die Tomatenwürfel geben und mit Salz und Pfeffer abschmecken.

Die Nudeln mit der Sauce mischen und auf 4 Tellern oder in Schälchen als »Nest« anrichten.

Für die Gratinmasse alle aufgeführten Zutaten mit den Fingern freinbröselig verreiben, auf die Nudeln geben und 2 Minuten unter dem Grill gratinieren.

Tipp: zum Pilze putzen S. 84

Zutaten für 4 Personen:

- 300 g Linguine
- 400 g Pfifferlinge
- 3 EL Olivenöl extra vergine
- 4 Schalotten, gewürfelt
- 2 Knoblauchzehen, gepresst
- 100 ml Weißwein
- 200 g Sahne
- 3 Tomaten
- Saft von 1/2 Zitrone
- 1 EL glatte Petersilie, gehackt
- Salz
- weißer Pfeffer aus der Mühle

Gratinmasse:

- 4 EL Parmesan
- 2 EL Semmelbrösel
- 2 EL weiche Butter
- 1 EL Basilikum, gehackt
- 1 Knoblauchzehe, gepresst
- Salz
- weißer Pfeffer aus der Mühle

Fischfilet im Tempura-mantel mit Asia-Sauce

Zutaten für 4 Personen:

700 g weißes Fischfilet
(z.B. Kabeljau oder Zander)
4 Knoblauchzehen, gepresst
1 TL Ingwer, gerieben
7 EL Sesamöl, geröstet
2 EL Kokosraspeln
2 Msp. Chilipulver
50 g Mehl
150 g Speisestärke
1 Ei
Salz
Rapsöl zum Frittieren
150 g Staudensellerie
150 g Karotten
160 g Zwiebel, in Streifen geschnitten
weißer Pfeffer aus der Mühle
10 EL indonesische, dickflüssige Sojasauce
4 EL Balsamicoessig
1 1/2 EL Zucker
1 1/2 EL Butter
1 EL heller Saucenbinder

Die Filets vierteln. Die Hälfte des Knoblauchs, Ingwer, 3 EL Sesamöl, Kokosraspeln und Chilipulver zu einer Marinade rühren. Die Fischfilets hineinlegen und ca. 20 Minuten zugedeckt marinieren lassen.

Mehl, Speisestärke, Ei, 1 Prise Salz und 100 ml kaltes Wasser zu einem Teig rühren und die marinierten Fischfilets darin wenden.

Das Pflanzenfett in einem großen Topf erhitzen und die Filets darin frittieren, danach die Stücke auf Küchenkrepp abtropfen lassen.

Staudensellerie und Karotten in Streifen schneiden und zusammen mit den Zwiebelstreifen in Sesamöl anbraten. Mit Salz und Pfeffer würzen.

Sojasauce, Balsamicoessig, Zucker, Butter und den restlichen Knoblauch aufkochen und mit dem Saucenbinder binden.

Die Fischfilets und die Gemüsestreifen auf Tellern anrichten und mit der Sauce umgießen.

Gebratene Scholle mit Speck-Tomaten-Butter

Zutaten für 4 Personen:
- 4 Schollen à 400 g
- Salz
- 3 EL Mehl
- 150 g Bauchspeck
- 2 Tomaten
- 3 EL Butter
- 3 Schalotten, gewürfelt
- 1 EL Petersilie, gehackt
- Saft von 1 Zitrone

Lassen Sie sich vom Fischhändler die Schollen küchenfertig vorbereiten. Mit einem scharfen Messer auf beiden Seiten ein Rautenmuster einziehen. Nun die Schollen leicht salzen und im Mehl wenden.

Den Ofen auf 80° C vorheizen.

Den Bauchspeck würfeln, die Tomaten blanchieren, häuten und würfeln.

Die Butter in einer Pfanne schmelzen, den Fisch einlegen und pro Seite ca. 4 Minuten langsam braten.

Die Schollen aus der Pfanne nehmen und im Ofen warm halten.

In dieselbe Pfanne nun Speck und Schalotten geben und knusprig braten. Die Tomatenwürfel zugeben, dann Petersilie und Zitronensaft.

Den Fisch wieder zurück in die Pfanne geben und mit der Speck-Tomaten-Butter übergießen.

Dazu passen Salzkartoffeln.

Zanderfilet in knuspriger Pfefferhaut mit Portweinschalotten

Zutaten für 4 Personen:

- 300 g Schalotten, geviertelt
- 2 EL Butter
- 1 1/2 EL Zucker
- 200 ml Rotwein
- 300 ml roter Portwein
- 5 EL Balsamicoessig
- 1 Zweig Rosmarin
- Salz
- weißer Pfeffer aus der Mühle
- 2 TL rosa Pfefferbeeren
- 1/2 TL Senfkörner
- 2 EL süße Chilisauce
- 1/2 TL grobes Meersalz
- 3 Msp. Curry
- schwarzer Pfeffer aus der Mühle
- 4 Zanderfilets mit Haut à 170 g
- 4 EL Olivenöl extra vergine

In einem Topf die Schalotten in der Butter anschwitzen, den Zucker hinzugeben und karamellisieren lassen. Rotwein, Portwein, Essig und Rosmarin zugeben, mit Salz und Pfeffer würzen und das ganze ca. 1 1/2 Stunden bei geringer Hitze schmoren lassen.

Den Ofen auf 80° C vorheizen.

Pfefferbeeren und Senfkörner mit einem Wiegemesser zerkleinern und mit Chilisauce, Meersalz, Curry und schwarzem Pfeffer vermischen.

Die Fischfilets mit der Hautseite fest in diese Panade drücken.

Das Olivenöl in eine beschichtete Pfanne geben und die Filets mit der Hautseite nach unten in die kalte Pfanne legen.

Den Fisch nur auf dieser Seite langsam kross braten, dann den Fisch im Ofen ca. 10 Minuten ziehen lassen.

Geschmorte Lammkeule mit Steinpilzen

Den Ofen auf 180° C vorheizen.

Das Fleisch kräftig mit Salz, Pfeffer, Senf und Rosmarin einreiben. Das Rapsöl in einem Bräter erhitzen und die Lammkeule von allen Seiten behutsam anbraten.

Kartoffeln, Sellerieknolle und Lauch schälen und würfeln. Gemeinsam mit den Knoblauchwürfeln zum Fleisch dazugeben und anbraten.
Mit dem Rotwein ablöschen, dann Portwein und Rosmarinzweig dazugeben.

Alles in den Ofen schieben und ca. 1 Stunde schmoren lassen. Die Sauce danach noch etwas einkochen lassen.

Die Steinpilze säubern und in Scheiben schneiden. Die Butter aufschäumen lassen und die Pilze kräftig darin anbraten.

Mit Salz und Pfeffer würzen, die Pilze zum Lammbraten geben und abschmecken.

Zutaten für 4 Personen:

Ca. 1,2 kg Lammkeule, küchenfertig
Salz
weißer Pfeffer aus der Mühle
1 EL scharfer Senf
1 TL Rosmarin, gehackt
3 EL Rapsöl
150 g Kartoffeln
150 g Sellerieknolle
150 g Lauch
5 Knoblauchzehen, gewürfelt
400 ml Rotwein
200 ml roter Portwein
1 Rosmarinzweig
300 g Steinpilze
2 EL Butter

Kalbsleber in Aceto-Honig-Sauce

Zutaten für 4 Personen:

- 600 g Kalbsleber
- Salz
- weißer Pfeffer aus der Mühle
- 2 EL Mehl
- 2 EL Butter
- 1 kleiner Apfel
- 80 g Zwiebel, gewürfelt
- 5 Knoblauchzehen, gewürfelt
- 10 EL Madeira
- 8 EL Balsamicoessig
- 1 EL Honig
- 100 ml Kalbsfond (evtl. aus dem Glas)
- 1 EL kalte Butter

Den Ofen auf 80° C vorheizen.

Die Kalbsleber in 8 Scheiben schneiden. Leicht salzen und pfeffern, dann in Mehl wenden.

Die Butter in einer Pfanne aufschäumen und die Leberscheiben behutsam auf jeder Seite ca. 3 Minuten braten. Die Leber aus der Pfanne nehmen und im Backofen ruhen lassen.

Den Apfel würfeln und zusammen mit den Zwiebel- und Knoblauchwürfeln im Bratenfett anbraten.

Mit Madeira und Balsamicoessig ablöschen, Honig und Kalbsfond zugeben und die Sauce kräftig einkochen lassen.

Zum Schluss die kalte Butter zugeben, mit Salz und Pfeffer abschmecken.

Die Leber in die Sauce geben, aber nicht mehr kochen!

Knuspriger Gockel mit Gemüse und Kartoffeln

Zutaten für 4 Personen:

- 3 Knoblauchzehen, gepresst
- Saft und geriebene Schale von 1 Zitrone
- 1 TL Salz
- weißer Pfeffer aus der Mühle
- 1 EL Rosmarin, gehackt
- 1 EL Thymian, gehackt
- 1/2 TL Curry
- etwas Cayennepfeffer
- 7 EL Olivenöl extra vergine
- 1 Gockel/Hähnchen, ca. 1,2 kg, küchenfertig
- 200 g Karotten
- 150 g Sellerieknolle
- 300 g Kartoffeln
- 150 g Zwiebel, in Streifen geschnitten
- 400 ml Weißwein

Den Ofen auf 180° C vorheizen.

Aus Knoblauch, Zitronensaft und -schale, Salz, weißem Pfeffer, Rosmarin, Thymian, Curry, Cayennepfeffer und 5 EL Olivenöl eine Marinade anrühren und das Hähnchen damit kräftig innen und außen einreiben. Das Hähnchen auf ein Backblech setzen (auf die Flügel legen).

Karotten, Sellerie, Kartoffeln schälen und in fingerdicke Streifen schneiden. Zusammen mit den Zwiebelstreifen auf dem Blech verteilen.

Das Gemüse salzen und pfeffern und mit etwas Olivenöl beträufeln. Den Wein angießen und das Ganze im Ofen ca. 1 1/2 Stunden garen.

Übrigens: Das ist das Lieblingsgericht meiner Familie. Die Vorbereitung geht schnell, es ist gesund und man hat Fleisch, Sauce und Beilage auf einmal fertig!

Tipp: Man kann auch alles am Vormittag aufs Blech geben und die Timerfunktion des Ofens aktivieren.

Wiener Schnitzel mit Feinschmecker-Bratkartoffeln

Zutaten für 4 Personen

- 8 dünne Kalbsschnitzel à 70 g
- Salz
- weißer Pfeffer aus der Mühle
- 2 Eier
- 2 EL Sahne
- 150 g Weißbrot ohne Rinde
- 2 EL Mehl
- 1 EL Butterschmalz
- 2 EL Butter
- Saft von 1 Zitrone
- 700 g fest kochende Kartoffeln
- 100 g Parmaschinken
- 100 g Zwiebel, gewürfelt
- 1/4 TL Kümmel
- 2 EL Schnittlauchröllchen

Die Schnitzel leicht klopfen, salzen und pfeffern. Eier und Sahne zusammen aufschlagen, das Weißbrot fein zerbröseln oder reiben.

Die Schnitzel erst in Mehl wenden und abklopfen, dann in der Ei-Sahne-Mischung und zuletzt in den Weißbrotbröseln wenden. Die Panade gut andrücken.

Butterschmalz und 1 EL Butter zusammen in einer Pfanne erhitzen (nicht zu heiß!).
Die Schnitzel einlegen und mit einmaligem Wenden goldbraun braten. Auf Küchenkrepp entfetten und etwas Zitronensaft darüber träufeln.

Die Kartoffeln in der Schale mit etwas Salz nicht zu weich kochen, abkühlen lassen, schälen und in nicht zu dünne Scheiben schneiden.

2 große, beschichtete Pfannen erhitzen, die restliche Butter zugeben und die Kartoffeln vorsichtig nebeneinander einlegen. Goldgelb braten, dabei vorsichtig wenden.

Den Parmaschinken würfeln und zusammen mit den Zwiebelwürfeln zu den Kartoffeln geben. Vorsichtig unterschwenken und mit anbraten.

Kurz vor dem Servieren Kümmel und Schnittlauchröllchen zugeben, mit Salz und Pfeffer abschmecken.

Schaumiges Himbeer-omelette mit Crème fraîche

Zutaten für 4 Personen:

- **100 g Quark**
- **100 g Crème fraîche**
- **150 g Zucker**
- **etwas geriebene Zitronen- und Orangenschale**
- **3 Eigelb**
- **1 Vanilleschote**
- **4 Eiweiß**
- **350 g Himbeeren**
- **4 EL Puderzucker**
- **3 EL Himbeergeist**
- **1 EL Butter**

Den Ofen auf 180° C vorheizen.

Quark, Creme fraîche, Zucker (1/2 EL zurückbehalten), Zitronen- und Orangenschale, Eigelbe und das Mark der Vanilleschote kräftig aufrühren.

Das Eiweiß mit dem restlichen Zucker steif schlagen und unter die Quarkmasse ziehen.

Für die Sauce 150 g Himbeeren, Puderzucker und Himbeergeist pürieren.

Nacheinander die Omelettes ausbacken: etwas Butter in einer beschichtete Pfanne schmelzen, 1/4 des Teigs dazugeben.

Nach ca. 1 Minute 50 g Himbeeren darauf verteilen und im Ofen ca. 5 Minuten fertig backen.

Vor dem Servieren das Omelette zusammenklappen, mit Himbeersauce umgießen und mit Puderzucker bestreuen.

Aprikosentarte mit Zimtstreusel

Den Ofen auf 180° C vorheizen.

Mehl, Butter, Ei, Zucker und etwas Salz zügig zu einem Teig kneten und kühl stellen.

Ein Springform oder ein Backblech mit etwas Butter einfetten und etwas Mehl bestreuen, den Teig gut 1/2 cm dick auswellen und die Form damit belegen.

Die Aprikosen vierteln, die Vanilleschote längs aufschlitzen und das Mark herauskratzen.

Aprikosenviertel, Vanillemark und Gelierzucker mischen und auf dem Teig verteilen.

Für die Streusel alle aufgeführten Zutaten mit den Händen zu Streuseln reiben und auf den Aprikosen verteilen.

Die Tarte ca. 30 Minuten im Ofen backen.

Dazu passt Vanillesahne.

Zutaten für 4 Personen:

100 g Mehl
75 g weiche Butter
1 kleines Ei
2 EL Zucker
Salz
etwas Butter und Mehl für die Form
500 g Aprikosen
1 Vanilleschote
4 EL Gelierzucker

Streusel:

5 EL Butter
100 g Mehl
100 g gemahlene Mandeln
3 EL Zucker
1 TL Zimt

Gebratene Ananas mit Honig-Stracciatella-Parfait

Zutaten für 4 Personen:

- 2 Vanillestangen
- 3 Eigelb
- 100 g Zucker
- 4 EL Weißwein
- 150 g Zartbitter-Kuvertüre
- 300 g Sahne
- 5 EL weißer Rum
- 1 reife Ananas
- 2 EL Pistazien
- 2 EL Butter
- 1 1/2 EL Zucker
- 8 EL Rum zum Flambieren

Die Vanilleschoten längs aufschneiden, das Mark herauskratzen. Eigelbe, Zucker, Vanille und Weißwein im warmen Wasserbad aufschlagen, bis das Eigelb bindet. Danach im kalten Wasserbad unter Rühren wieder abkühlen.

Die Kuvertüre grob raspeln, die Sahne steif schlagen.

Kuvertüre, weißen Rum und Sahne unter die Eigelbmasse heben und in 4 Förmchen oder eine Kastenform füllen.

Für ca. 4 Stunden in den Gefrierschrank stellen.

Kurz vor dem Servieren die Ananas großzügig mit einem Messer schälen, der Länge nach vierteln und den Strunk entfernen, dann längliche Spalten schneiden.

Die Pistazien hacken. Butter in einer Pfanne schmelzen, die Ananasspalten darin anbraten, Zucker und Pistazien zugeben und schwenken.

Die Ananas mit Rum ablöschen und flambieren.

Das Parfait auf Teller stürzen und mit der lauwarmen Ananas servieren.

VALRHONA

Lauwarmer Bratkartoffelsalat mit mariniertem Räucherlachs

Zutaten für 4 Personen:
600 g fest kochende Kartoffeln
6 EL Rapsöl
Salz
weißer Pfeffer aus der Mühle
150 g geräucherter Bauchspeck
80 g Zwiebel, gewürfelt
1 Avocado
2 Tomaten
80 g Macadamia-Nüsse
400 g Räucherlachs (16 Scheiben)
4 kleine Dillzweige zum Garnieren

Dressing:
5 EL weißer Balsamicoessig
1/2 TL Zucker
1 EL Estragon, gehackt
10 EL kalt gepresstes Rapsöl

Marinade:
Saft und geriebene Schale von 1 Zitrone
2 EL Crème fraîche
1/2 EL Honigsenf
1 EL Dill, gehackt
1/4 TL Zucker
Salz
weißer Pfeffer aus der Mühle
etwas Honig

Den Ofen auf 80° C vorheizen.

Die Kartoffeln kochen, abkühlen lassen, schälen und in 1/2 cm dicke Scheiben schneiden. Lagenweise in einer beschichteten Pfanne mit Rapsöl knusprig anbraten, salzen und pfeffern und im Ofen warm halten.

Den Bauchspeck würfeln und mit den Zwiebelwürfeln in der gleichen Pfanne anbraten. Avocado und Tomaten schälen und würfeln, die Nüsse grob hacken.

Nun für das Dressing Essig, Zucker, Salz, Pfeffer und Estragon aufrühren, das Öl einschlagen. Tomaten, Avocado und Nüsse untermischen. Das Ganze mit Kartoffeln und Speck mischen und abschmecken.

Die Räucherlachsscheiben auf einem Blech ausbreiten.

Alle aufgeführten Zutaten zu einer Marinade rühren und den Lachs damit bestreichen. Die Scheiben zu vier »Rosen« aufrollen.

Den Bratkartoffelsalat auf Tellern anrichten, je eine Rose obenauf setzen und mit Dill garnieren.

Salat von Semmelknödeln und Blutwurst

Die Semmeln in kleine Würfel schneiden. Die Milch aufkochen und über die Semmeln gießen.

Das Wammerl in Würfel schneiden und zusammen mit der Zwiebel anschwitzen, über die Semmeln geben. Nun der Semmelmasse Eier, Salz, Pfeffer, Muskat und Petersilie zugeben und kräftig durchkneten.

Die Knödelmasse zu einem Strang von ca. 4 cm Durchmesser formen und in ein großes Blatt gebutterte Alufolie rollen. Die Rolle 30 Minuten in leicht siedendem Wasser garen, herausnehmen und abkühlen lassen.

Den Ofen auf 80° C vorheizen.

Den Knödelstrang in 1/2 cm dicke Scheiben schneiden, etwas Butter in einer Pfanne aufschäumen lassen und die Scheiben darin langsam knusprig braten, anschließend im Ofen warm halten.

Die Blutwurst in Scheiben schneiden, in Mehl wenden und in der Knödelpfanne knusprig anbraten.

Für das Dressing die Essiggurken würfeln. Balsamicoessig, Senf, Zucker, Salz, Pfeffer, Essiggurken- und Zwiebelwürfel aufrühren, danach das Öl einschlagen.

Die Knödelscheiben und die Blutwurst auf Tellern arrangieren und mit dem Dressing begießen.

Zutaten für 4 Personen:

- 400 g Semmeln (Brötchen) vom Vortag
- 300 ml Milch
- 100 g geräuchertes Wammerl (Bauchspeck)
- 80 g Zwiebel, gewürfelt
- 4 Eier
- Salz
- weißer Pfeffer aus der Mühle
- Muskat
- 1 EL Petersilie, gehackt
- etwas Butter
- 400 g Blutwurst
- 2 EL Mehl

Dressing:

- 2 Essiggurken
- 5 EL weißer Balsamicoessig
- 1 TL scharfer Senf
- 1/4 TL Zucker
- 80 g Zwiebel, gewürfelt
- 10 EL Olivenöl extra vergine

Rehsalat mit Maronen und Balsamico-Sirup

Zutaten für 4 Personen:
- 500 g Rehrücken
- Salz
- weißer Pfeffer aus der Mühle
- etwas Rosmarin
- 3 Wacholderbeeren, gequetscht
- 200 ml roter Portwein
- 100 ml Balsamicoessig
- 1/2 EL Butter
- 500 g Maronen
- 1 EL Zucker
- 4 Portionen Wintersalate, gemischt

Dressing:
- 4 EL Rotweinessig
- 1/2 TL Zucker
- 3 EL Prosecco
- 1 EL grober Senf
- 8 EL kaltgepresstes Rapsöl

Den Ofen auf 80° C vorheizen.

Das Fleisch von Fett und Sehnenresten befreien. Mit Salz, Pfeffer, Rosmarin und Wacholderbeeren würzen und rundherum anbraten. Das Fleisch im Ofen mindestens 30 Minuten weitergaren.

Den Bratensatz mit Portwein und Balsamicoessig ablöschen und bis auf 6 EL einkochen lassen, dann 1/2 EL Butter zugeben.

Die Maronen über Kreuz einschneiden und im Ofen bei 210° C ca. 20 Minuten backen, bis sie aufspringen. Die Schale und den Filz entfernen.

2 EL Butter in einer Pfanne schmelzen, Maronen und Zucker dazugeben und karamellisieren lassen.

Die Salate mundgerecht zupfen, dann das Dressing aus Essig, Zucker, Prosecco, Senf, Salz und Pfeffer aufrühren. Das Öl einschlagen, abschmecken und den Salat darin marinieren.

Zum Anrichten je eine Portion Salat auf die Mitte eines Tellers geben, das Rehfilet schräg aufschneiden und mit den Maronen um den Salat herum arrangieren. Mit Balsamico-Sirup umgießen.

Gebackener Bergkäse mit marinierten Linsen

Zutaten für 4 Personen:

- 150 g kleine, dunkle Linsen (z.B. Berglinsen, Pui-Linsen)
- 300 g Bergkäse
- 2 EL Mehl
- 2 Eier, aufgeschlagen
- 8 EL Semmelbrösel
- 200 ml Rapsöl
- 5 EL Balsamicoessig
- 1 EL Weißwein
- 1/2 EL Zucker
- Salz
- weißer Pfeffer aus der Mühle
- 1 EL Petersilie, gehackt
- 1 TL scharfer Senf
- 10 EL Olivenöl extra vergine
- 80 g Karotte
- 80 g Lauch
- Kräuter zum Garnieren

Die Linsen in genügend Wasser weich kochen, in ein Sieb gießen und kalt abschrecken.

Den Käse in 2–3 cm große Würfel schneiden. Die Käsewürfel erst in Mehl, dann in Ei und zuletzt in den Semmelbröseln wenden. Das Rapsöl in einem Topf erhitzen, die Käsewürfel zügig goldgelb darin ausbacken und auf Küchenkrepp entfetten.

Balsamicoessig, Weißwein, Zucker, Salz, Pfeffer, Petersilie, Senf und Olivenöl mit dem Stabmixer cremig aufmixen.

Karotten und Lauch würfeln, kurz blanchieren und zu den Linsen geben.

Die Käsewürfel auf den Linsen arrangieren und nach Geschmack mit Kräutern garnieren.

Tipp: Die Linsen nicht in Salzwasser kochen, sonst werden sie nicht weich!

Schaumige Blumenkohlsuppe mit Parmesan und Knoblauch-Chips

Zutaten für 4 Personen:

1 Blumenkohlkopf
80 g Zwiebel, gewürfelt
1 EL Butter
1 EL Mehl
100 ml Weißwein
400 ml Bouillon
400 g Sahne
Salz
weißer Pfeffer aus der Mühle
Zitronensaft
Muskat
6 EL Parmesan
100 ml Rapsöl
8 große Knoblauchzehen, längs in Scheiben geschnitten

Den Blumenkohl in Röschen teilen. 4 EL Röschen beiseite stellen und als Suppeneinlage weich kochen.

Die Zwiebel in Butter anschwitzen, Mehl zugeben und mit Weißwein ablöschen. Nun mit Bouillon und Sahne auffüllen, den Blumenkohl dazugeben und ca. 30 Minuten leise köcheln lassen. Danach die Suppe pürieren und durch ein Sieb passieren. Mit Salz, Pfeffer, Zitronensaft und Muskat würzen, den Parmesan hineingeben und mit dem Stabmixer schaumig aufmixen.

Das Rapsöl in einem Topf erhitzen (180° C). Die Knoblauchscheiben darin frittieren und auf Küchenkrepp entfetten.

Die Knoblauchchips und die gekochten Blumenkohlröschen als Einlage in die Suppe geben.

Tipp: Als besonderes Extra kann man Trüffel oder Trüffelöl in die Suppe geben.

Fischeintopf mit Kartoffeln und Safran

Zutaten für 4 Personen:
- 150 g Kartoffeln
- 100 g Fenchelknolle
- 100 g Lauch
- 8 Champignons
- 2 EL Butter
- 2 Knoblauchzehen, gewürfelt
- 80 g Zwiebel, gewürfelt
- 1 TL Tomatenmark
- 1 Lorbeerblatt
- 2 Nelken
- 100 ml Noilly Prat
- 100 ml Weißwein
- 800 ml Fischfond (evtl. aus dem Glas)
- 500 g Fischfilet ohne Haut, z.B. Zander, Kabeljau oder Wolfsbarsch
- ca. 10 Safran-Fäden
- 1 TL Dill, gehackt
- etwas Zitronensaft
- etwas Cayennepfeffer
- Salz
- weißer Pfeffer aus der Mühle
- 3 EL Pernod
- 1 EL Estragon, gehackt

Kartoffeln in ca. 1 cm große Würfel schneiden, Fenchel, Lauch und Champignons ebenfalls würfeln.

In einem Topf die Butter schmelzen, Knoblauch-, Zwiebel- und alle Gemüsewürfel darin anschwitzen. Das Tomatenmark hineinrühren, dann Lorbeerblatt und Nelken zugeben und mit Noilly Prat und Weißwein ablöschen.

Mit dem Fischfond auffüllen und ca. 20 Minuten köcheln lassen.

Den Fisch in mundgerechte Stücke schneiden und in die Suppe geben – diese darf nicht mehr kochen!

Mit den übrigen aufgeführten Zutaten würzen und abschmecken.

Sauerkraut-suppe mit Apfel und Scampi

Zutaten für 4 Personen:
- 200 g frisches Sauerkraut
- 4 EL Butter
- 1 Apfel
- 3 Schalotten, gewürfelt
- 1 TL Zucker
- 200 ml Noilly Prat
- 700 ml Bouillon
- 200 g Sahne
- 200 g Crème fraîche
- Salz
- weißer Pfeffer aus der Mühle
- 3 EL Pinienkerne
- 8 mittelgroße Scampi

Das Sauerkraut kurz mit Wasser durchspülen.

In einem großen Topf 2 EL Butter schmelzen. Den Apfel schälen und würfeln und zusammen mit den Schalottenwürfeln in der Butter anschwitzen.

Den Zucker darüber stäuben und karamellisieren lassen. Die Apfelmischung mit Noilly Prat ablöschen und etwas einkochen lassen.

Nun Bouillon, Sahne und Crème fraîche zugeben und aufkochen. Das Sauerkraut zugeben und ca. 30 Minuten köcheln lassen.

Die Suppe pürieren, durch ein Sieb passieren und mit Salz und Pfeffer abschmecken.

Die Pinienkerne ohne Fett in einer Pfanne rösten. Die Scampi schälen, der Länge nach halbieren, den Darm entfernen und langsam in Butter braten.

Die Pinienkerne hinzufügen, etwas salzen und als Einlage in die Suppe geben.

Penne mit Apfelmus und Käse überbacken

Die Nudeln nach Packungsanweisung bissfest kochen. Die Äpfel schälen, vierteln und in Scheiben schneiden.

Apfelscheiben, Weißwein, Zimt, Zucker und Zitronenschale zusammen ca. 20 Minuten zugedeckt köcheln lassen. Die Zimtstange herausnehmen, die Äpfel noch etwas einkochen lassen und dann pürieren.

Die Zwiebelwürfel in der Butter behutsam in ca. 15 Minuten weich dünsten. Währenddessen den Käse raspeln.

Die Nudeln in eine Auflaufform oder 4 tiefe Teller füllen, Apfelmus und Zwiebeln obendrauf setzen. Mit Salz und Pfeffer würzen und den Käse darüber geben.

Kurz unter dem Grill gratinieren.

Zutaten für 4 Personen:

- 300 g Penne
- 4 Äpfel, z.B. Boskop
- 300 ml Weißwein
- 1 Zimtstange
- 3 EL Zucker
- geriebene Schale von
- 1/2 Zitrone
- 160 g Zwiebel, gewürfelt
- 2 EL Butter
- 100 g Käse (Greyerzer)
- Salz
- weißer Pfeffer aus der Mühle

Asiatische Gemüsepfannkuchen

Zutaten für 4 Personen:

- 250 g Mehl
- 4 EL Sesamöl, geröstet
- Salz
- 175 ml kochendes Wasser
- 80 g Zwiebel, gewürfelt
- 3 Knoblauchzehen, gewürfelt
- 150 g Champignons oder Shiitake-Pilze
- 150 g Weißkraut
- 3 EL Obstessig
- 1 TL Ingwer, gerieben
- 8 EL süße Chilisauce
- 1 TL Speisestärke
- 8 EL Sojasauce
- weißer Pfeffer aus der Mühle

Aus Mehl, Sesamöl, etwas Salz und Wasser einen elastischen Teig kneten und diesen 1 Stunde ruhen lassen.

Den Ofen auf 80° C vorheizen.

Den Teig in 8 Portionen teilen und diese jeweils zu einem Kreis mit 15 cm Durchmesser ausrollen. Die Teigkreise in Sesamöl beidseitig backen und anschließend im Ofen warm halten.

Etwas Sesamöl erhitzen, Zwiebel- und Knoblauchwürfel darin anbraten. Pilze und Weißkraut würfeln und dazugeben.

Obstessig, Ingwer und Chilisauce verrühren. Die Speisestärke mit Sojasauce anrühren und dazugeben, mit Salz und Pfeffer abschmecken.

Das Dressing mit der Gemüsefüllung vermischen, auf die Pfannkuchen setzen und diese zusammenklappen.

Geschmorte Kohlrouladen mit Gemüsefüllung

Zutaten für 4 Personen:
8 große Weißkrautblätter
3 Paprika (rot, gelb, grün)
100 g Zucchini
100 g Champignons
100 g Auberginen
3 EL Butter
150 g Zwiebel, gewürfelt
3 Knoblauchzehen, gewürfelt
1 EL Tomatenmark
5 EL Ketchup
1 EL Senf
1 EL Kapern, gehackt
5 Sardellen, gehackt
2 EL Kräuter (Basilikum, Petersilie, Kerbel), gehackt
2 EL Pinienkerne
3 EL Parmesan, gerieben
Salz
weißer Pfeffer aus der Mühle
200 ml Rotwein
200 ml roter Portwein
2 TL Kartoffelstärke

Das Weißkraut kurz blanchieren, den Strunk, so weit es geht, entfernen und die Blätter trockentupfen.

Paprika, Zucchini, Champignons und Auberginen würfeln.

1 EL Butter in einer großen Pfanne schmelzen, Zwiebel- und Knoblauchwürfel darin anbraten und dann die Gemüsewürfel zugeben. Alles kräftig anbraten, sodass das Gemüse Farbe bekommt.

Nun Tomatenmark, Ketchup, Senf, Kapern, Sardellen, Kräuter, Pinienkerne und Parmesan dazugeben und das Ganze in ca. 10 Minuten zu einer dicklichen Konsistenz einkochen lassen. Mit Salz und Pfeffer abschmecken.

Die Weißkohlblätter mit der Gemüsemasse bestreichen, aufrollen und mit Küchengarn zubinden.

Den Ofen auf 180° C vorheizen.

Die restliche Butter in einem Bräter erhitzen, die Rouladen beidseitig darin anbraten, Rotwein und Portwein angießen. Zugedeckt im Ofen ca. 70 Minuten schmoren lassen.

Danach die Hitze auf 80° C reduzieren und die Rouladen warm halten.

Die Sauce mit Kartoffelstärke und 4 TL Wasser binden und abschmecken.

Kabeljau in Gewürzbutter

Zutaten für 4 Personen:
- 100 g Karotte
- 100 g Fenchelknolle
- 1 Vanilleschote
- 1 EL Butter
- 3 Schalotten, gewürfelt
- 3 Knoblauchzehen, gewürfelt
- 1 Lorbeerblatt
- 3 Nelken
- 1 Msp. Lebkuchengewürz
- Salz
- weißer Pfeffer aus der Mühle
- 10 ml Noilly Prat
- 200 ml Weißwein
- 4 Kabeljaufilets à 160 g
- 2 EL kalte Butter

Den Ofen auf 80° C vorheizen.

Karotte und Fenchel schälen und fein würfeln. Die Vanilleschote längs aufschneiden und das Mark herauskratzen.

Die Butter in einem großen Topf schmelzen und Schalotten, Knoblauch, Karotten und Fenchel darin anschwitzen. Lorbeerblatt, Nelken, Vanillemark, Lebkuchengewürz, Salz und Pfeffer dazugeben.

Mit Noilly Prat ablöschen und den Weißwein dazugießen.

Den Kabeljau hineinlegen und ca. 5–8 Minuten darin pochieren. Anschließend den Fisch herausnehmen und im Ofen warm halten.

Die Flüssigkeit bis auf 5 EL einkochen lassen, kalte Butter dazugeben, kurz aufkochen lassen und abschmecken. Den Fisch wieder in die Sauce geben und gleich servieren.

Dazu passt Basmatireis.

Gebratenes Zanderfilet mit
Kartoffel-Sellerie-Püree und Kapernbutter

Für das Püree Kartoffeln und Sellerie schälen und würfeln. In einem Topf die Brühe mit der Sahne erhitzen, Kartoffel- und Selleriewürfel zugeben und ca. 40 Minuten köcheln lassen. Mit Salz und Pfeffer würzen.

Die Kartoffelmischung im Mixer fein pürieren, danach in einer Pfanne etwas eindampfen lassen und noch einmal abschmecken.

Die Zanderfilets trockentupfen, die Haut einschneiden, salzen und mit Mehl bestreuen.

Das Rapsöl in eine kalte Pfanne geben, den Fisch mit der Hautseite nach unten hineinlegen und langsam kross braten.

Fisch herausnehmen und warm halten.

Nun in der Fischpfanne die Butter aufschäumen lassen, Kapern und Petersilie zugeben, salzen und pfeffern.

Die Kapernbutter über den Fisch gießen und die Filets mit dem Püree auf Tellern anrichten.

Zutaten für 4 Personen:

- 200 g mehlige Kartoffeln
- 200 g Sellerieknolle
- 300 ml Brühe
- 200 g Sahne
- Salz
- weißer Pfeffer aus der Mühle
- 4 Zanderfilets mit Haut à 170 g
- etwas Mehl
- 3 EL Rapsöl
- 3 EL Butter
- 3 EL Kapern
- 1 EL Petersilie, gehackt

Kartoffelauflauf mit Lachs

Zutaten für 4 Personen:
- 400 g Tiefkühl-Blätterteig
- Butter für das Blech
- etwas Mehl
- 400 g vorwiegend fest-kochende Kartoffeln
- 100 g Lauch
- 80 g Zwiebel, gewürfelt
- 1 EL Butter
- 300 g Sahne
- 200 ml Weißwein
- Salz
- weißer Pfeffer aus der Mühle
- 700 g frischer Lachs
- 1 EL Dill, gehackt

Den Ofen auf 180° C vorheizen.

Den Blätterteig auftauen, leicht auswellen und auf einem gebutterten und leicht bemehlten Backblech auslegen.

Die Kartoffeln schälen und in Scheiben schneiden.

Den Lauch würfeln und zusammen mit der Zwiebel in 1 EL Butter anbraten. Sahne und Weißwein hineinrühren, dann die Kartoffeln zugeben. Aufkochen lassen und mit Salz und Pfeffer abschmecken.

Die Hälfte der Kartoffeln auf dem Blätterteig verteilen. Den Lachs in dünne Scheiben schneiden und auf die Kartoffeln legen. Salzen und mit Dill bestreuen, dann die restlichen Kartoffeln auf dem Lachs verteilen.

Den Auflauf ca. 40 Minuten backen.

Den Auflauf auf Tellern anrichten und mit flüssiger Butter servieren.

Knusprige Entenbrust auf Schokoladen-Blaukraut

Zutaten für 4 Personen:

1 kleiner Kopf Blaukraut
100 ml Rotweinessig
Salz
4 Entenbrüste à 180 g
weißer Pfeffer aus der Mühle
etwas Olivenöl extra vergine
700 ml Rotwein
100 ml roter Portwein
1 EL kalte Butter
1 Apfel
80 g Zwiebel, gewürfelt
3 EL Gänse- oder Entenschmalz
5 Lorbeerblätter
5 Nelken
1 EL weiße Pfefferkörner
500 ml Bouillon
200 ml Orangensaft, frisch
2 EL Preiselbeeren
3 Msp. Zimt
1 TL Garam-Masala (indische Gewürzmischung)
40 g dunkle Schokolade
30 g weiße Schokolade
1 EL Kartoffelstärke
2 EL Honig

Das Blaukraut putzen, vierteln, den Strunk herausnehmen und das Kraut fein hobeln. Essig und etwas Salz zugeben und mindestens 3 Stunden ziehen lassen.

Den Ofen auf 80° C vorheizen.

Die Haut der Entenbrüste rautenförmig einschneiden. Das Fleisch salzen und pfeffern. Das Öl in eine kalte Pfanne geben, die Brust mit der Hautseite nach unten einlegen und ca. 7 Minuten kross braten, wenden und kurz weiterbraten. Danach das Fleisch im Ofen mindestens 20 Minuten weitergaren.

Den Bratensatz mit 200 ml Rotwein und Portwein loskochen und einkochen lassen. Kalte Butter hinzugeben, noch einmal aufkochen lassen und abschmecken.

Den Apfel schälen und würfeln und mit den Zwiebelwürfeln im Schmalz anschwitzen. Das Kraut zugeben. Aus Lorbeerblättern, Nelken und Pfefferkörnern ein Gewürzsäckchen binden und zum Kraut dazugeben.

Nun den restlichen Rotwein, Bouillon, Orangensaft, Preiselbeeren, Zimt, Garam-Masala, Salz und Pfeffer zugeben und ca. 60 Minuten ohne Deckel weich kochen.

Beide Schokoladensorten raspeln.

Das Kraut mit Kartoffelstärke binden, die Schokoraspeln dazugeben und das Ganze mit Honig abrunden.

Zum Servieren das Gewürzsäckchen herausnehmen und das Blaukraut mit der Entenbrust auf Tellern anrichten.

Rehbraten mit glasierten Äpfeln

Das Fleisch von Fett und Sehnenresten befreien. Sellerie, Karotte und Lauch schälen und würfeln. Das Fleisch mit Gemüsewürfeln, Zwiebel, Rosmarin, Nelken, Lorbeer, Rot- und Portwein in eine große Schüssel geben und 24 Stunden marinieren.

Das Rapsöl in einem Bräter erhitzen. Das Fleisch aus der Marinade nehmen, trockentupfen, salzen, pfeffern und von allen Seiten anbraten. Tomatenmark und das marinierte Gemüse zugeben.

Mit der Marinade ablöschen und ca. 60 Minuten schmoren lassen.

Das Fleisch aus der Sauce heben und warm stellen. Preiselbeermarmelade, Senf, Gin, Salz, Pfeffer in die Sauce geben, einkochen lassen und abschmecken.

Die Äpfel schälen und in Schnitze schneiden. Die Butter aufschäumen, Apfelschnitze und Zucker zugeben und karamellisieren lassen. Mit Calvados ablöschen und langsam weich dünsten.

Den Rehbraten in Scheiben schneiden, mit glasierten Äpfeln anrichten und mit Sauce übergießen.

Als Beilage passen handgemachte Spätzle (siehe Seite 63).

Zutaten für 4 Personen:

- 1 kg Rehfleisch (aus der Keule)
- 100 g Sellerie
- 100 g Karotte
- 100 g Lauch
- 100 g Zwiebel, gewürfelt
- 1 Rosmarinzweig
- 5 Nelken
- 3 Lorbeerblätter
- 700 ml Rotwein
- 300 ml roter Portwein
- 5 EL Rapsöl
- Salz
- weißer Pfeffer aus der Mühle
- 1 EL Tomatenmark
- 3 EL Preiselbeermarmelade
- 1 EL scharfer Senf
- 5 EL Gin
- 3 Äpfel (evtl. Boskop)
- 1 EL Butter
- 1 EL Zucker
- 6 EL Calvados

Weihnachtsgans mit Maronenpüree

Zutaten für 8 Personen:

- 1 frische Gans (ca. 4–5 kg, küchenfertig)
- 1 1/2 TL Zucker
- 700 g Maronen
- 200 g Sahne
- 8 EL Wildfond
- 2 TL Salz
- 1 TL weißer Pfeffer aus der Mühle
- 1 TL edelsüßes Paprikapulver
- 5 EL Rapsöl
- 2 EL Butterschmalz
- 2 Äpfel
- 160 g Zwiebel, gewürfelt
- 200 ml Weißwein
- 200 ml roter Portwein

Die Gans innen und außen waschen und trockentupfen.

Für das Maronenpüree 2 l Wasser mit dem Zucker aufkochen und die Maronen darin samt Schale in ca. 25–30 Minuten weich kochen. Maronen halbieren, das Fruchtfleisch mit einem Teelöffel herauslösen und den »Filz« entfernen. Die Sahne mit Wildfond und den Maronen erhitzen, mit Salz und Pfeffer abschmecken und pürieren.

Den Ofen auf 200° C vorheizen.

Aus Salz, Pfeffer, Paprikapulver und Rapsöl eine Marinade rühren und die Gans kräftig damit einpinseln.

In einem Bräter das Butterschmalz erhitzen. Die Gans zuerst auf den Keulen anbraten, dann die Brust, danach wenden und auf die Flügel legen.

In den Ofen schieben und erst 40 Minuten bei 200° C, danach 1 1/2 Stunden bei 180° C braten. Danach die Gans aus dem Bräter nehmen und tranchieren, die Stücke kurz unter den Grill legen.

Die Äpfel schälen und würfeln. Das Gänsefett bis auf 6 EL abnehmen und Apfel- und Zwiebelwürfel darin anbraten. Mit Weißwein und rotem Portwein aufkochen, durch ein Sieb passieren und abschmecken.

Das Maronenpüree wieder unter Rühren erhitzen.
Die Gänseteile mit Maronen anrichten und die Sauce separat reichen.

Tipp: Ein Festessen wird daraus, wenn man zusätzlich Rotkohl und Kartoffelknödel als Beilage reicht.

Crème brulée von der Passionsfrucht mit Kokosschaum

Zutaten für 4 Personen:
- 7 Eigelb
- 120 g Zucker
- 2 Vanilleschoten
- 100 ml Milch
- 500 g Sahne
- 100 ml Passionsfruchtsaft
- 4 EL brauner Zucker

Kokosschaum:
- 200 g Sahne
- 100 g weiße Schokolade
- 50 g Kokosmark
- 4 cl Batida de Coco

Den Ofen auf 100° C vorheizen.

Eigelbe und Zucker verrühren. Die Vanilleschoten längs aufschneiden und das Mark herauskratzen. Vanillemark, Milch, Sahne und Passionsfruchtsaft aufkochen und vom Herd nehmen. Eigelbe einrühren. Nun die Sahne vorsichtig erneut erhitzen, bis das Eigelb bindet. Die Creme durch ein Sieb passieren und in Schälchen oder kleine Teller füllen. Ca. 40 Minuten im Ofen garen und auskühlen lassen.

Die Creme mit braunem Zucker bestreuen und unter dem Grill kurz gratinieren. (Besser geht es mit einer Lötlampe oder einem Bunsenbrenner, s. Tipp S. 41).

Für den Kokosschaum die Sahne aufkochen und über die Schokolade gießen. Das Kokosmark zugeben und mixen. Batida de Coco zugeben, kalt stellen und kurz vor dem Servieren noch einmal aufmixen.

Fruchtiger Waldbeeren-schmarren

Zutaten für 4 Personen:

- 2 Vanilleschoten
- 150 g frische Beeren oder TK-Beeren, z.B. Himbeeren, Heidelbeeren etc.
- 10 EL Zucker
- 8 EL Rotwein
- 2 EL Kartoffelstärke
- 130 g Mehl
- 4 Eier, getrennt
- 1 Prise Salz
- 200 ml Milch
- 3 EL Butter
- Puderzucker zum Bestreuen

Die Vanilleschoten längs aufschneiden und das Mark herauskratzen. Die Beeren mit 6 EL Zucker und dem Vanillemark aufkochen. Rotwein und Kartoffelstärke mischen und über die Beeren geben.

Das Mehl sieben, das Eiweiß mit einer Prise Salz steif schlagen. Milch und Mehl glatt rühren, 1 EL Zucker und die Eigelbe zugeben, dann den Eischnee unterheben.

2 EL Butter in zwei Pfannen schmelzen, je die Hälfte des Teigs hineingeben. Nun die Temperatur reduzieren, den Deckel aufsetzen.

Nach ca. 6 Minuten wenden und erneut backen. Den Teig mit 2 Pfannenwendern in grobe Stücke zerteilen.

Restliche Butter und Zucker zum Teig geben und karamellisieren lassen.

Schmarren und Beerenragout auf Tellern verteilen und mit Puderzucker bestreut servieren.

Tipp: Den Teig nicht auf einmal in einer Pfanne braten. Lieber nacheinander oder auf zwei Pfannen verteilt arbeiten, dann bleibt er schön locker.

Mangotarte

Zutaten für 8–10 Personen:
- 1 Vanilleschote
- 200 g Mehl
- 100 g Puderzucker
- etwas Zitronenschale
- 150 g Butter
- 7 Eigelb
- Backpapier
- Butter für die Form
- 150 g Linsen
- 4 Eier
- 200 g Zucker
- 12 EL Mangosaft
- 100 g Mascarpone
- Puderzucker zum Bestreuen

Den Ofen auf 180° C vorheizen.

Die Vanilleschote längs aufschneiden und das Mark herauskratzen. Nun für den Teig Mehl, Puderzucker, Vanillemark und Zitronenschale mischen. Die Butter in kleine Stückchen schneiden und dazugeben. 2 Eigelbe zugeben und das Ganze schnell zu einem glatten Teig kneten. Den Teig kalt stellen.

Den Teig auswellen und in eine gebutterte Kuchenform (Ø ca. 30 cm) einlegen. Den Teig mit einer Gabel mehrmals einstechen und mit Backpapier belegen. Nun die Linsen darauf verteilen und im Ofen ca. 10 Minuten blindbacken.

Für die Füllung Eier, restliche Eigelbe und Zucker schaumig schlagen, den Mangosaft zugeben. Mascarpone unterheben. Die Linsen und das Backpapier vom Teig nehmen und die Mangocreme auf den Teig gießen. Bei 150° C ca. 30–40 Minuten backen.

Den Kuchen auskühlen lassen und dick mit Puderzucker bestreuen, danach kurz unter dem Grill karamellisieren lassen.

Christian Henze, Jahrgang 1968, begann seine Karriere nach Kochausbildung und den ersten Gesellenjahren in der Küche von Agnes Amberg / Zürich. Seine nächste Station war Eckart Witzigmanns »Aubergine«, bis er dann von Gunter Sachs als Privatkoch engagiert wurde. 1995 verabschiedete er sich vom internationalen Jetset und verwirklichte in Probstried bei Kempten seinen Traum vom eigenen Landhaus auf hohem Niveau. Das »Landhaus Henze« erhielt mittlerweile zahlreiche Auszeichnungen – u.a. einen Michelin-Stern – und ist bekanntermaßen eine der besten Adressen der Region. 2004 wurde es durch eine Kochschule erweitert. Christian Henze und seine Frau Pia führen gemeinsam das Restaurant und Hotel. Bekannt wurde Henze durch seine zahlreichen TV- und Radioauftritte sowie durch seine Kochshows. Vor allem in Bayern hat er sich durch seine Sendung »Schlemmerecke« im Bayerischen Rundfunk eine große Fangemeinde »erkocht«.

Übrigens: zahlreiche regionale und internationale Rezeptzutaten aus diesem Buch können Sie bei Christian Henze unter *www.henze-versand.de* im Internet bestellen. Weitere Informationen über ihn und das »Landhaus Henze« finden Sie unter *www.landhaus-henze.de*.

Abkürzungen:
Bd. = Bund
EL = Esslöffel
g = Gramm
kg = Kilogramm
l = Liter
ml = Milliliter
Msp. = Messerspitze
TL = Teelöffel

Die Temperaturangaben beziehen sich auf E-Backöfen mit Ober- und Unterhitze.

Das Hacken oder Kleinschneiden von Gewürzen und Kräutern sowie von Zwiebeln, Schalotten und Knoblauch wurde der besseren Organisation wegen meistens bereits in die Zutatenliste aufgenommen. Bitte beachten Sie, dass Kräuter, Obst und Gemüse vor der Verwendung gewaschen werden sollten – dies wird nicht extra bei der Zubereitung erwähnt.

2. Auflage 2005

ISBN 3-440-10428-1
Fotografie: Fotostudio Sepp Eder, Grafenau
Coverfoto:
© www.schmelz-fotodesign.de
Gestaltung: Wolfgang Heinzel
Lektorat: Tanja Joyce Frei
Druck: Printer Trento
Printed in Italy

In Zusammenarbeit mit dem Bayerischen Rundfunk